LINN · SOBOLEWSKI

SO ARBEITET DER DEUTSCHE BUNDESTAG

SO ARBEITET DER DEUTSCHE BUNDESTAG

Organisation und Arbeitsweise
Die Gesetzgebung des Bundes

von
Susanne Linn
und
Frank Sobolewski

NDV

Susanne Linn leitet in der Verwaltung des Deutschen Bundestages die Abteilung P Parlament und Abgeordnete,
Frank Sobolewski leitet die Unterabteilung PD Parlamentsdienste.

Satz: Schröder Media GbR, Dernbach
Repro: graphica, Neuwied
Gesamtherstellung: GGP Media GmbH, Pößneck

Fotonachweise: Bildpixel / Pixelio.de (Paul-Löbe-Haus), Stephan Günzel / Pixelio.de (Marie-Elisabeth-Lüders-Haus), Deutscher Bundestag / Simone M. Neumann (Reichstagsgebäude), Deutscher Bundestag / Achim Melde (Plenarsaal, Vereidigung Merkel, Vereidigung Schwesig, Bundestagspräsidium, Ausschuss, Stimmkarten-Abstimmung, Wahlkabine), Deutscher Bundestag / Thomas Trutschel / photothek.net (Regierungsbank, Opposition)
Weitere Informationen: www.ndv.info

ISBN 978-3-87576-791-9

Inhalt

Liebe Leserin, lieber Leser,

sie ist das weithin sichtbare Symbol des Deutschen Bundestages und noch dazu ein Besuchermagnet: die Kuppel des Reichstagsgebäudes. Unter ihr debattieren, beraten, entscheiden die Abgeordneten. Allerdings machen die Debatten unter der Kuppel nur einen Teil der Parlamentsarbeit aus. Viel Zeit verbringen die Abgeordneten auch in den Fraktionen, in den Ausschüssen oder anderen Gremien des Bundestages. Denn der Deutsche Bundestag ist ein arbeitsteilig organisiertes Parlament, in dem fachlich spezialisierte Abgeordnete Entscheidungen intensiv vorbereiten, bevor diese auf die Tagesordnung des Plenums gelangen. Aber was heißt das konkret? Welchen Weg geht zum Beispiel ein Gesetz von der Initiative bis zum Beschluss? Wie muss man sich die Arbeit eines Ausschusses vorstellen? Was ist eine Fraktion? Welche Aufgaben hat der Wehrbeauftragte? All das und vieles mehr beantwortet dieser Leitfaden. Er erläutert so anschaulich wie ausführlich eine Fülle von Fragen rund um das Verfassungsorgan Deutscher Bundestag, der in unserer Demokratie schon deshalb eine so herausgehobene Bedeutung hat, weil er das einzige Verfassungsorgan ist, das direkt vom Volk gewählt wird.

Neu in dieser Auflage: Erstmals gibt es einen Abschnitt über die Mitwirkungsrechte des Bundestages in der Europapolitik. Das ist nicht nur der Tatsache geschuldet, dass das Thema Europa für jeden von uns immer wichtiger wird. Es ist auch die logische Folge gewachsener Mitspracherechte des Parlamentes. Denn in Sachen Europa hat der Deutsche Bundestag seit der vergangenen Legislaturperiode entscheidend an Einfluss gewonnen und damit auch an Verantwortung.

Noch ein Tipp: Über das aktuelle Geschehen in Ihrer Volksvertretung können Sie sich unter anderem in der Wochenzeitung „Das Parlament" sowie auf der Homepage des Bundestages (www.bundestag.de) informieren.

Dort finden Sie auch biographische Informationen über die Abgeordneten des Deutschen Bundestages.

Ich wünsche eine interessante und gewinnbringende Lektüre!

Prof. Dr. Norbert Lammert
Präsident des Deutschen Bundestages

Einleitung

Das Grundgesetz, die Verfassung der Bundesrepublik Deutschland, hat den Deutschen Bundestag zum zentralen Staatsorgan unserer repräsentativen Demokratie gemacht. Seine Aufgabe ist es, durch die Bildung von Mehrheiten eine Regierung ins Amt zu bringen und über die Dauer einer Wahlperiode zu stützen. Er ist gehalten, die Arbeit der Regierung und anderer Exekutivorgane zu kontrollieren. Und es ist der Bundestag, dem eine zentrale Funktion im Verfahren der Gesetzgebung des Bundes und der Haushaltsbewilligung zugewiesen ist. Aufgrund dieser besonderen Stellung wird der Deutsche Bundestag gemeinhin als das wichtigste Organ im politischen Willensbildungs- und Entscheidungsprozess der Bundesrepublik bezeichnet.

Dieser Band hat es sich zur Aufgabe gemacht, Organisation und Arbeitsweise des Deutschen Bundestages für den Leser transparent zu machen. Ein „Blick hinter die Kulissen" soll verdeutlichen, wie der Deutsche Bundestag im parlamentarischen Regierungssystem der Bundesrepublik Deutschland die ihm durch die Verfassung zugewiesenen Aufgaben in der Praxis erfüllt.

Im ersten Teil werden die politischen Akteure des Bundestages – Abgeordnete, Fraktionen und Organe – vorgestellt und deren Arbeitsweise beschrieben. Ausführlich wird dabei auf die Arbeit der Ausschüsse eingegangen, denen eine wichtige Rolle im Arbeitsparlament Bundestag zukommt. Dem schließt sich eine eingehende Erläuterung an, wie die Plenarsitzungen des Deutschen Bundestages organisiert und durchgeführt werden. Sodann wird auf die immer bedeutsamer werdenden Mitwirkungsrechte des Bundestages in Angelegenheiten der Europäischen Union eingegangen. Abschließend werden Mitgliedschafts- und Mitwirkungsrechte in weiteren Organen und Gremien beschrieben.

Im zweiten Teil wird der Ablauf eines Gesetzgebungsverfahrens dargestellt. Der Leser wird – anhand eines Beispielfalles – Zeuge der einzelnen Stationen, die ein Gesetz vom ersten Entwurf bis zu seiner Verkündung im Bundesgesetzblatt durchläuft und wie dabei die Verfassungsorgane Bundestag, Bundesrat, Bundesregierung und Bundespräsident zusammenwirken. Auf das Verfahren im Deutschen Bundestag wird dabei ein besonderes Augenmerk gelegt.

Schließlich informiert das Buch über die Unterstützungsleistungen, die die Bundestagsverwaltung dem Parlament und seinen Abgeordneten zur Erfüllung ihrer Aufgaben zur Verfügung stellt.

Aus einer Fülle praxisorientierter Einzelinformationen ergibt sich damit insgesamt eine instruktive Antwort auf die Frage: Wie arbeitet der Deutsche Bundestag?

1. Organisation und Arbeitsweise

Wahl und Zusammensetzung

Die Mitglieder des Deutschen Bundestages werden in allgemeiner, unmittelbarer, freier, gleicher und geheimer Wahl auf die Dauer von vier Jahren (Wahlperiode) gewählt (Artikel 38, 39 des Grundgesetzes – GG). Diese Wahlrechtsgrundsätze bedeuten im Einzelnen:

- allgemein: Das Wahlrecht steht jeder Staatsbürgerin und jedem Staatsbürger mit Vollendung des 18. Lebensjahres zu.
- unmittelbar: Die Wählerinnen und Wähler wählen die Abgeordneten direkt, d.h. ohne die Zwischenschaltung von anderen Personen.
- frei: Auf die Wählerinnen und Wähler darf von keiner Seite ein irgendwie gearteter Druck zu Gunsten oder zu Ungunsten einer bestimmten Stimmabgabe ausgeübt werden.
- gleich: Jede Stimme hat grundsätzlich das gleiche Gewicht für die Zusammensetzung des Bundestages.
- geheim: Es muss sichergestellt sein, dass niemand durch Kontrolle die Wahlentscheidung eines anderen erfahren kann.

Der Deutsche Bundestag setzt sich aus mindestens 598 Abgeordneten zusammen. Die Hälfte von ihnen wird von den Wählerinnen und Wählern mit der Erststimme in den 299 Wahlkreisen direkt, weitere 299 mit der Zweitstimme über die Landeslisten der Parteien gewählt (§ 1 Bundeswahlgesetz). Die Zweitstimme entscheidet über die Zusammensetzung des Bundestages, d.h. in welchem Stärkeverhältnis die Parteien im Parlament vertreten sind. Bei der Sitzverteilung werden nur Parteien berücksichtigt, die mindestens 5 Prozent der abgegebenen Zweitstimmen erhalten oder in mindestens drei Wahlkreisen ein Direktmandat errungen haben.

Die Mitgliederzahl des Bundestages kann sich durch so genannte Überhangmandate erhöhen. Hat eine Partei in den Wahlkreisen eines Bundeslandes mehr Bundestagssitze direkt erlangt, als ihr nach dem Zweitstimmenergebnis zustehen würden, ziehen trotzdem alle erfolgreichen Direktkandidaten in den Bundestag ein. Die Folge ist, dass sich die gesetzliche Mitgliederzahl des Bundestages (598 Parlamentarier) um diese sogenannten Überhangmandate erhöht.

Vorgaben des Bundesverfassungsgerichts entsprechend hat der Deutsche Bundestag im Frühjahr 2013 eine Änderung des Wahlrechts beschlossen. Danach gilt unverändert das Wahlsystem der personalisierten Verhältniswahl. Eingeführt wurde aber ein neues zweistufiges Verfahren der Sitzzuteilung. Dieses sieht in seiner zweiten Stufe vor, dass die Gesamtsitzzahl des Bundestages so weit erhöht wird, dass Überhangmandate für eine Partei durch eine entsprechende Zahl von Ausgleichsmandaten für die anderen Parteien vollständig ausgeglichen sind. Durch diesen Ausgleich wird der Parteienproporz entsprechend dem Zweitstimmenergebnis wiederhergestellt. Bei der Wahl zum 18. Deutschen Bundestag entfielen vier Überhangmandate auf die CDU. Das geänderte Sitzzuteilungsverfahren ergab 29 Ausgleichsmandate, von denen 13 auf die CDU, zehn auf die SPD, vier auf DIE LINKE. und zwei auf Bündnis 90/Die Grünen entfielen.

Der am 22. September 2013 gewählte 18. Deutsche Bundestag bestand damit zunächst aus 631 Abgeordneten (598 Mandate zuzüglich vier Überhang- und 29 Ausgleichsmandate). Auf die CDU/CSU entfielen 311 Mandate; es folgten die SPD mit 193, DIE LINKE. mit 64 und BÜNDNIS 90/DIE GRÜNEN mit 63 Mandaten.

Die Gesamtmitgliederzahl des Bundestages kann sich im Laufe einer Legislaturperiode jedoch verringern. Scheidet ein Abgeordneter aus dem Bundestag aus, so wird der freigewordene Sitz aus der Landesliste derjenigen Partei besetzt, für die der ausgeschiedene Abgeordnete bei der Wahl angetreten ist. Ist die Landesliste jedoch erschöpft, d.h. steht kein Listennachfolger mehr zur Verfügung, bleibt der freigewordene Sitz unbesetzt. Auf diesem Weg verlor die Fraktion der CDU/CSU im Jahr 2015 einen Sitz, und der Bundestag verkleinerte sich damit insgesamt von 631 auf 630 Mitglieder. Es ergaben sich jedoch keine Auswirkungen auf die Sitzverteilung in den Gremien des Bundestages.

▶ Die Abgeordneten

Mit der Wahl erhalten die Abgeordneten von den Wählerinnen und Wählern den Auftrag (das Mandat), die Interessen des ganzen Volkes zu vertreten und damit in Form der repräsentativen Demokratie des Grundgesetzes die Herrschaft des Volkes zu verwirklichen. Diesen Auftrag erfüllen sie, indem sie die dem Bundestag zukommenden Funktionen – insbesondere Mehrheitsbildung, Bestellung der Regierung und anderer Verfassungsorgane, parlamentarische Kontrolle der Exekutive, Gesetzgebung des Bundes, Haushaltsbewilligung – wahrnehmen. Es sind also die Abgeordneten oder, wie es im Abgeordnetengesetz heißt, die Mitglieder des Deutschen Bundestages, die in ihrer Gesamtheit den Deutschen Bundestag als das einzige unmittelbar vom Volk gewählte Verfassungsorgan der Bundesrepublik Deutschland bilden. Als Verfassungsorgan handelt der Bundestag durch seine Mitglieder, die Abgeordneten. Seine Aufgaben sind ihre Aufgaben. Sie entscheiden mit ihrer Stimme im Parlament, wer unser Land regiert und nach welchen Regeln sich unser gesellschaftliches Zusammenleben vollzieht. Sie stehen, wenn sie die Politik der Regierung unterstützen, für deren Erfolg oder Misserfolg. Ihre Aufgabe ist es, sich kritisch mit dem politischen Gegner auseinanderzusetzen und durch Entwicklung und Darstellung politischer Alternativen den Wähler auf ihre Seite zu ziehen. Dafür stehen sie in ständiger Kommunikation mit den Bürgerinnen und Bürgern, insbesondere in ihren Wahlkreisen und am Sitz des Bundestages in Berlin. Als das demokratisch legitimierte Bindeglied zwischen Staat und Gesellschaft nehmen sie die Meinungen, Positionen und Interessen der Repräsentierten auf, um sie in den politischen Willensbildungs- und Entscheidungsprozess einzubringen. Dieser Prozess ist als geregeltes Verfahren ausgestaltet, um die unterschiedlichen Interessen und Werte der Gesellschaft auszugleichen und zu gemeinwohlorientierten Problemlösungen zu gelangen. Sind Entscheidungen dann getroffen worden, ist es an den Abgeordneten, diese öffentlich zu erklären, zu vertreten oder zu kritisieren, sei es im Plenum des Deutschen Bundestages, in Pressegesprächen, auf Bürgerversammlungen oder im Einzelgespräch mit den Betroffenen. Durch die Wahl erwirbt der Abgeordnete somit ein Staatsamt, dessen Aufgaben mit anderen Ämtern und Berufen nicht vergleichbar ist.

Um den Abgeordneten in die Lage zu versetzen, diesen vielfältigen Aufgaben nachkommen zu können, erwirbt er mit der Wahl eine besondere Rechts- und Pflichtenstellung, die auch Status genannt wird. Regelungen dazu enthält insbesondere das Grundgesetz, das Abgeordnetengesetz und die Geschäftsordnung des Deutschen Bundestages. Im Mittelpunkt steht dabei der Artikel 38 Absatz 1 Satz 2 Grundgesetz, wonach die Abgeordneten Vertreter des ganzen Volkes, an Aufträge und Weisungen nicht gebunden und nur ihrem Gewissen unterworfen sind. Aus dieser für die Aufgabenerfüllung der Abgeordneten zentralen Vorschrift lassen sich gleich mehrere wesentliche Aspekte ihrer Rechtsstellung entnehmen.

Zum einen sind sie Vertreter des ganzen Volkes. In seinem Handeln und seinen Entscheidungen ist der Abgeordnete daher nicht nur einzelnen Bevölkerungsgruppen, Interessenverbänden oder seinem Wahlkreis, sondern letztlich dem ganzen Staatsvolk gegenüber verantwortlich. Seine Aufgabe, das Staatsvolk zu repräsentieren, nimmt der Bundestag durch Mitwirkung aller seiner Mitglieder wahr. Dies setzt voraus, dass alle Abgeordneten über die gleichen Mitwirkungsbefugnisse und damit grundsätzlich auch über die gleichen Rechte und Pflichten verfügen.

Zum Ausdruck kommt ferner, dass der Abgeordnete Träger des sogenannten freien Mandats ist. Das freie Mandat stärkt ihn in seiner selbstständigen politischen Meinungsbildung und Entscheidungsfähigkeit, indem es jegliche Aufträge und Weisungen, zum Beispiel von Wählergruppen oder Interessenverbänden, für rechtlich unverbindlich erklärt. Auch Beschlüsse der eigenen Partei oder Fraktion haben deshalb letztlich immer nur den Charakter nicht bindender Empfehlungen. Das freie Mandat schützt den Abgeordneten also gegen faktischen Druck oder Einfluss von politischen oder wirtschaftlichen Gruppen, die seine eigenverantwortliche und unabhängige Parlamentstätigkeit beeinträchtigen könnten. Es versetzt ihn in die Lage, Entscheidungen nach seiner eigenen politischen Überzeugung (seinem Gewissen) zu treffen, ohne befürchten zu müssen, dass er deshalb seine parlamentarischen Rechte oder gar sein Mandat verlieren könnte. Aus Art. 38 GG folgen nämlich auch eine Reihe - nicht entziehbarer - parlamentarischer Kernrechte, wie das Rede- und Stimmrecht, das Recht zur Mitwirkung in Ausschüssen, Informations- und Fragerechte sowie bestimmte Antragsrechte und das Recht, mit anderen Abgeordneten eine Fraktion zu bilden. Darauf wird an anderer Stelle noch eingegangen werden.

Die Rechts- und Pflichtenstellung des Abgeordneten fällt darin zusammen, dass er dazu berufen ist, an der Arbeit des Deutschen Bundestages, seinen Verhandlungen und Entscheidungen teilzunehmen. Hierzu werden an Sitzungstagen des Bundestages sogenannte Anwesenheitslisten ausgelegt. Die Nichteintragung in diese Liste wie auch die Nichtbeteiligung an bestimmten Abstimmungen führt für den Abgeordneten zu finanziellen Einbußen, die zu Beginn der 18. Wahlperiode deutlich erhöht worden sind und bis zu 200 Euro pro Sitzungstag bzw. versäumter namentlicher Abstimmung betragen. Wie der Abgeordnete seiner Mitwirkungspflicht nachkommt, ist ihm mit Rücksicht auf die Freiheit seines Mandats allerdings selbst überlassen, denn der Abgeordnete schuldet rechtlich keine bestimmten Dienste. Auch darin unterscheidet sich sein Amt von anderen

Ämtern und Berufen: Der Abgeordnete muss – im Rahmen seiner Mitwirkungspflichten – selbst entscheiden, wie er den vielfältigen Aufgaben nachkommt, die das Amt mit sich bringt. Verantwortlich ist er letztlich nur den Wählern, die mit ihrer Stimmabgabe auch entscheiden, ob sie mit der Arbeit des Abgeordneten in der vergangenen Wahlperiode zufrieden waren.

Die Ausübung des Mandats steht im Mittelpunkt der Tätigkeit eines Abgeordneten. Dennoch bleiben Tätigkeiten beruflicher und anderer Art neben dem Mandat grundsätzlich zulässig. Da das Mandat dem Abgeordneten vom Wähler nur auf Zeit verliehen wird, soll es grundsätzlich möglich bleiben, im Rahmen der zeitlichen Möglichkeiten bisherige berufliche Tätigkeiten fortzuführen oder neue Tätigkeiten aufzunehmen. Damit wird die berufliche Zukunft nach dem Mandat besser gesichert und so die Unabhängigkeit des Abgeordneten gestärkt. Auch bleibt die Ausübung des Mandats für freiberuflich Tätige weiterhin möglich. Öffentlich-rechtliche Dienstverhältnisse als Beamte, Richter, Soldaten oder Angestellte des öffentlichen Dienstes ruhen hingegen während der Mandatszeit automatisch. Im Gegenzug entsteht nach Beendigung der Mitgliedschaft im Bundestag hier der Anspruch auf Wiederverwendung im früheren Dienstverhältnis.

Sind somit Nebentätigkeiten der Abgeordneten grundsätzlich zulässig, verbinden sich damit weitreichende Anzeige- und Veröffentlichungspflichten, die in den sogenannten Verhaltensregeln für Mitglieder des Deutschen Bundestages vorgeschrieben sind. Die Verhaltensregeln, auch Transparenzregeln genannt, zielen im Kern darauf ab, dass sich der Bürger jederzeit ein Bild von den Nebentätigkeiten jedes einzelnen Abgeordneten machen kann. Mögliche Interessenverknüpfungen und wirtschaftliche Abhängigkeiten werden offen gelegt und Rückschlüsse auf die Art und Weise der Mandatsausübung ermöglicht.

Alle Abgeordneten sind deshalb verpflichtet, dem Bundestagspräsidenten einzelne Tätigkeiten und Funktionen – ehrenamtliche wie vergütete – fortlaufend anzuzeigen. Die Angaben betreffen Tätigkeiten vor Übernahme des Mandates, entgeltliche Tätigkeiten neben dem Mandat, Funktionen in Unternehmen, Körperschaften, Vereinen, Verbänden, Stiftungen und mehr, Unternehmensbeteiligungen, Vereinbarungen über künftige Tätigkeiten, ferner Spenden und sonstige Zuwendungen für die politische Tätigkeit sowie Gastgeschenke. Im Rahmen einer entgeltlichen Tätigkeit sind grundsätzlich auch der Name und Sitz des Vertragspartners, für den sie ausgeübt wird, sowie damit erzielte Einkünfte oberhalb bestimmter

Bagatellgrenzen anzuzeigen. Verletzt der Abgeordnete seine Anzeigepflichten, sind Sanktionen (Ermahnung des Abgeordneten, Feststellung in einer Bundestagsdrucksache, Ordnungsgeld) vorgesehen. Die meisten Angaben werden nach Maßgabe der Verhaltensregeln auf der Internetseite www.bundestag.de und im Amtlichen Handbuch des Deutschen Bundestages veröffentlicht und fortlaufend aktualisiert. Für Einkünfte erfolgt die Veröffentlichung in Form von zehn Einkommensstufen, beginnend mit 1 000 Euro (Stufe 1) und endend mit Nebeneinkünften über 250 000 Euro (Stufe 10).

Daneben gibt es Zuwendungen, deren Annahme den Abgeordneten grundsätzlich untersagt ist, weil sie seine Unabhängigkeit gefährden. Dazu gehören solche Zuwendungen, die nur deshalb gewährt werden, weil dafür die Vertretung und Durchsetzung der Interessen des Zahlenden im Bundestag erwartet wird (sogenannte Interessentenzahlungen). Entsprechendes gilt im Zusammenhang mit Nebentätigkeiten für die Annahme von Leistungen ohne eine angemessene Gegenleistung des Abgeordneten (sogenanntes leistungsloses Einkommen). Auch die Annahme von Spenden, also Zuwendungen zur Unterstützung der politischen Tätigkeit, kann unter bestimmten Voraussetzungen unzulässig sein. Insgesamt hat sich damit der Bundestag ein System rechtlicher Regelungen gegeben, welches den Abgeordneten zwar nicht gläsern erscheinen lässt, jedoch ein öffentliches Bild darüber vermittelt, ob und ggf. welche Tätigkeiten der jeweilige Abgeordnete neben seinem Mandat wahrnimmt.

Für die Ausübung ihrer Tätigkeit erhalten die Mitglieder des Deutschen Bundestages Leistungen aus der Staatskasse. Zu unterscheiden ist zwischen der Abgeordnetenentschädigung (auch „Diät" genannt), die das „Einkommen" für die im Parlament geleistete Tätigkeit bildet, und der sogenannten Amtsausstattung, die der Abgeltung der durch das Mandat veranlassten Aufwendungen des Abgeordneten dient.

Für die Diäten bestimmt das Grundgesetz in Artikel 48 Absatz 3, dass die Abgeordneten des Bundestages „Anspruch auf eine angemessene, ihre Unabhängigkeit sichernde Entschädigung" haben. Dazu hat das Bundesverfassungsgericht bereits im Jahr 1975 festgestellt, das Mandat sei für den Abgeordneten durch den Umfang der Inanspruchnahme zu einer Hauptbeschäftigung („Full-Time-Job") geworden. Die Entschädigung sei deshalb so zu bemessen, dass sie auch für den Abgeordneten, der kein Berufseinkommen hat oder sein Berufseinkommen in Folge des Mandates ganz oder teilweise verliert, eine ausreichende Existenzgrundlage für sich und seine Familie bildet. Zugleich müsse die Höhe der Entschädigung der

Bedeutung des Abgeordnetenamtes unter Berücksichtigung der damit verbundenen Belastung und des Ranges im Verfassungsgefüge gerecht werden. Auch müsse wegen der formalen Gleichheit aller Abgeordneten die Entschädigung grundsätzlich für jedes Mitglied gleich hoch bemessen sein. In seinem Diäten-Urteil hat das Bundesverfassungsgericht des Weiteren betont, dass das Parlament selbst über die Höhe der finanziellen Leistungen für die Abgeordneten entscheiden müsse.

Der Bundestag hat diesen Vorgaben Rechnung getragen, indem er als Orientierungsgröße für die Entschädigung der Abgeordneten seit dem Jahr 1995 die Bezüge solcher Amtsinhaber gewählt hat, die einer mit den Abgeordneten vergleichbaren Verantwortung und Belastung unterliegen. Nach dem Abgeordnetengesetz sind dies Richter bei einem obersten Gerichtshof des Bundes (die ebenfalls weisungsunabhängig und nur dem Gesetz unterworfen für das gesamte Bundesgebiet Entscheidungen treffen) bzw. Bürgermeister von Städten und Gemeinden (die wie Abgeordnete in ein zeitlich befristetes Amt gewählt werden und Verantwortung für eine Bevölkerungszahl tragen, die in etwa der eines Wahlkreises entspricht). Allerdings ist die tatsächliche Abgeordnetenentschädigung seit jeher unter diesen Richtgrößen geblieben. Mehr noch: Sobald der Bundestag die Diäten angepasst hat, wurde dies in der Öffentlichkeit als „unangemessen" und als „Selbstbedienung" der Abgeordneten kritisiert. Der Bundestag hat deshalb eine „Unabhängige Kommission zu Fragen des Abgeordnetenrechts" eingesetzt, die am 18. März 2013 Empfehlungen unter anderem zum Anpassungsverfahren für die Abgeordnetenentschädigung vorgelegt hat (Bundestags-Drucksache 17/12500). Mit dem am 21. März 2014 verabschiedeten Gesetzentwurf hat sich der Deutsche Bundestag diese Empfehlungen der Kommission zu eigen gemacht und beschlossen, die Veränderung der Abgeordnetenentschädigung künftig an die allgemeine Lohnentwicklung in Deutschland zu koppeln. Dieses Indexierungsverfahren wird erstmals zum 1. Juli 2016 Anwendung finden. Zuvor wurden die Diäten, die im übrigen vom Abgeordneten zu versteuern sind, in zwei Schritten an die Besoldung von Bundesrichtern angeglichen und betragen mit Wirkung vom 1. Januar 2015 9082 Euro. Amtszulagen aufgrund besonderer Verantwortung und Belastung erhalten der Bundestagspräsident (in Höhe der Entschädigung), die Bundestagsvizepräsidenten (einer halben Entschädigung) sowie die Vorsitzenden der Ausschüsse, Untersuchungsausschüsse und Enquete-Kommissionen (15 % der Entschädigung).

Bestandteil einer Entschädigung ist auch eine angemessene Alterssicherung der Abgeordneten. Die Altersentschädigung dient dazu, die Versorgungslücke zu schließen, die mit der Tätigkeit im Parlament und dem damit typischerweise einhergehenden Verzicht auf eine andere, Versorgungsansprüche begründende Berufstätigkeit verbunden ist. Der Anspruch auf Altersentschädigung entsteht grundsätzlich, wenn der Abgeordnete das 67. Lebensjahr vollendet und dem Deutschen Bundestag mindestens ein Jahr angehört hat. Der Versorgungsanspruch beträgt für ein Mitgliedsjahr 2,5 % der Abgeordnetenentschädigung, aktuell also 227 Euro, und steigt mit jedem Jahr der Mitgliedschaft um weitere 2,5 % bis zu einem Höchstsatz von 67,5 % der Diäten an, der nach 27 Mitgliedsjahren im Parlament erreicht wird. Der Steigerungssatz ist von früher 4 % pro Jahr, der Höchstsatz von früher 75 % der Diäten in mehreren Schritten gesenkt worden. Einem Vorschlag der „Unabhängigen Kommission" folgend wird ab der 19. Wahlperiode der Höchstsatz auf 65 % der Entschädigung weiter reduziert und der Anspruch auf abschlagsfreie vorzeitige Altersversorgung gestrichen. Stattdessen wird eine vorgezogene Inanspruchnahme der Altersentschädigung erst ab dem 63. Lebensjahr möglich und mit Abschlägen verbunden sein. In diesem Sinne gewährt das Gesetz eine Altersentschädigung, die die politische und wirtschaftliche Unabhängigkeit des Abgeordneten auch schon während der Mandatszeit sichern hilft.

Zu den Leistungen, die der Abgeordnete zur persönlichen Lebensführung erhält, gehört schließlich das Übergangsgeld. Dieses dient dem beruflichen Wiedereinstieg bzw. der beruflichen Neuorientierung nach Ende des Mandats und wird je nach Dauer der Mitgliedschaft im Parlament bis zu 18 Monate in Höhe der aktuellen Abgeordnetenentschädigung gezahlt.

Auf die Zahlung von Diäten, Altersentschädigung und Übergangsgeld werden nach Maßgabe des Abgeordnetengesetzes andere Einkünfte des (ehemaligen) Abgeordneten angerechnet. Dies kann je nach Sachverhalt zu einer Reduzierung der Ansprüche bis auf Null führen.

Die aus Sach- und Geldleistungen bestehende Amtsausstattung dient der Abgeltung von Aufwendungen, die der Abgeordnete während der Dauer seines Mandats zu dessen Ausübung hat. Zur Amtsausstattung gehören

- ein eingerichtetes Büro am Sitz des Bundestages in Berlin;
- die Nutzung des gemeinsamen Informations- und Kommunikationssystems des Bundestages;
- die freie Benutzung aller Verkehrsmittel der Deutschen Bahn AG innerhalb Deutschlands und der Dienstfahrzeuge des Bundestages im Stadtgebiet von Berlin;

- die Erstattung von Sachleistungen für nachgewiesene Ausgaben insbesondere zur informations- und kommunikationstechnischen Ausstattung bis zu einem Jahreshöchstbetrag von 12 000 Euro;
- die Erstattung von Aufwendungen für die Beschäftigung von Mitarbeiterinnen und Mitarbeitern, die der Abgeordnete zur Unterstützung bei der Erledigung seiner parlamentarischen Arbeit in Berlin und im Wahlkreis einstellt. Hierfür steht ein monatlicher Höchstbetrag von 16 913 Euro (Stand: März 2015) zur Verfügung. Liegen die (in umfangreichen Ausführungsbestimmungen geregelten) Erstattungsvoraussetzungen vor, so erfolgt die Abrechnung der Mitarbeitergehälter durch die Bundestagsverwaltung unmittelbar mit dem Abgeordnetenmitarbeiter;
- für alle sonstigen durch das Mandat veranlassten Aufwendungen eine monatliche Kostenpauschale in Höhe von 4 267 Euro (Stand: Januar 2015). Sie dient insbesondere dem Ausgleich von Ausgaben für die Einrichtung und Unterhaltung eines oder mehrerer Wahlkreisbüros, Mehraufwendungen am Sitz des Parlaments in Berlin (z. B. für die Zweitwohnung), Fahrtkosten in Ausübung des Mandats sowie von Ausgaben für Wahlkreisbetreuung, Repräsentation, Einladungen usw. Die Kostenpauschale ist – anders als die Entschädigung – steuerfrei. Dafür können Abgeordnete aber (anders als andere Beschäftigte) Kosten im Zusammenhang mit ihrer Tätigkeit nicht steuermindernd geltend machen, und zwar auch dann nicht, wenn sie den Betrag der Kostenpauschale übersteigen.

▶ Die Fraktionen

Die neugewählten und wiedergewählten Abgeordneten kommen gleich in den ersten Tagen nach der Wahl in Berlin zusammen, um Fraktionen zu bilden und diese zu konstituieren. Wer eine Fraktion bilden will, muss nach der Geschäftsordnung des Bundestages zwei Voraussetzungen erfüllen: Zunächst muss es sich um den Zusammenschluss von mindestens 5 vom Hundert der Mitglieder des Bundestages, das sind derzeit mindestens 32 Abgeordnete, handeln. Darüber hinaus müssen die Abgeordneten derselben Partei oder solchen Parteien angehören, die auf Grund gleichgerichteter politischer Ziele in keinem Land miteinander in Wettbewerb stehen. Auf Grund dieser „CSU-Klausel" bilden Abgeordnete der CDU und der CSU seit 1949 ständig eine gemeinsame Fraktion.

Fraktionen werden zuweilen auch als „Parteien im Parlament" bezeichnet. Sie sind die Einrichtungen, in denen politische Ziele und Vorhaben konkret umgesetzt bzw. verfolgt werden und die die parlamentarische Arbeit entscheidend bestimmen. In ihnen bildet sich der politische Wille, der sich dann im Bundestag und in der sonstigen Öffentlichkeit artikuliert.

Dabei besteht die Erwartung, dass die Fraktionen in den wesentlichen Fragen jeweils einheitliche Auffassungen vertreten. Diese Geschlossenheit in den wichtigen politischen Positionen ist auch Voraussetzung für das politische Profil und die parlamentarische Wirksamkeit der Fraktionen. Eines „Fraktionszwanges" bedarf es dazu nicht.

Die Geschäftsordnung weist den Fraktionen – oder 5 vom Hundert der Mitglieder des Bundestages – beim Gesetzgebungsverfahren, aber auch sonst eine Vielzahl von parlamentarischen Antrags- und Gestaltungsrechten exklusiv zu. Nur sie können zum Beispiel Gesetzentwürfe, Anträge, Entschließungsanträge sowie Große und Kleine Anfragen einbringen, auch noch in der dritten Beratung von Gesetzentwürfen Änderungsanträge stellen, die Vertagung eines Beratungspunktes oder einer Sitzung beantragen, die Beschlussfähigkeit des Plenums bezweifeln; nur sie können namentliche Abstimmungen und Aktuelle Stunden verlangen usw. Kein Zweifel: Fraktionen sind die politischen Kraftzentren und Motoren des parlamentarischen Geschehens.

Fraktionen sind keine Organe, sondern mit eigenen Rechten ausgestattete Teile des Bundestages. Auf Grund dieser Eigenständigkeit sind sie auch berechtigt, Rechte des Bundestages und eigene Rechte, die das Grundgesetz einräumt, vor dem Bundesverfassungsgericht geltend zu machen. Da sie vielfältige Aufgaben wahrnehmen, die ihnen nach dem Grundgesetz, dem Abgeordnetengesetz (§ 47 Abs. 1 AbgG: „Die Fraktionen wirken an der Erfüllung der Aufgaben des Deutschen Bundestages mit") und der Geschäftsordnung des Bundestages obliegen, haben sie einen Rechtsanspruch auf staatliche Geldleistungen zur Finanzierung ihrer Arbeit. Diese Geldleistungen setzen sich zusammen aus einem Grundbetrag für jede Fraktion, einem Beitrag für jedes Mitglied und einem weiteren Zuschlag für jede Oppositionsfraktion.

Jede Fraktion wählt ihren Vorstand, der sich aus einer oder einem Vorsitzenden, mehreren stellvertretenden Vorsitzenden, den Parlamentarischen Geschäftsführerinnen und Geschäftsführern und einer unterschiedlichen Zahl weiterer Abgeordneter zusammensetzt. Bei der Fraktion der CDU/CSU ist traditionell die oder der Vorsitzende der CSU-Landesgruppe gleichzeitig Erste stellvertretende Fraktionsvorsitzende bzw. Erster stellvertretender Fraktionsvorsitzender.

Alle Fraktionen setzen Arbeitskreise oder Arbeitsgruppen ein, in denen die Beschlüsse der Gesamtfraktion vorbereitet werden. Für jeden Bundestagsausschuss bestellen die Fraktionen eine Obfrau oder einen Obmann bzw. eine Sprecherin oder einen Sprecher, die die Tätigkeit der Mitglieder ihrer Fraktion in diesem Ausschuss zu koordinieren und die Übereinstimmung dieser Tätigkeit mit der Willensbildung der Gesamtfraktion zu gewährleisten haben. Dies macht deutlich, dass auch die Tätigkeit der Ausschüsse des Bundestages von den Fraktionen vorbereitet und gesteuert wird.

Der erste Bundestag (1949 – 1953) setzte sich aus 8 Fraktionen zusammen. Vom 4. bis 9. Bundestag gab es nur 3 Fraktionen (CDU/CSU, SPD und FDP), in der 10. und 11. Wahlperiode (1983 – 1990) war dann wieder eine vierte Fraktion, DIE GRÜNEN, hinzugekommen. In der 12. Wahlperiode hatte die Besonderheit der ersten gesamtdeutschen Wahl zwei neue Gruppierungen in den Bundestag gebracht: die Gruppe der PDS/Linke Liste und die Gruppe BÜNDNIS 90/DIE GRÜNEN. In der 15. Wahlperiode gab es 4 Fraktionen (SPD, CDU/CSU, BÜNDNIS 90/DIE GRÜNEN, FDP), in der 16. und der 17. Wahlperiode ist DIE LINKE. als fünfte Fraktion hinzugekommen. Bei der Wahl zum 18. Deutschen Bundestag ist die FDP an der 5-Prozent-Hürde gescheitert und erstmals seit 1949 nicht mehr im Bundestag vertreten.

Fraktionsvorsitzende

Volker Kauder
Vorsitzender der CDU/CSU-Fraktion

Gerda Hasselfeldt
1. Stellvertretende Vorsitzende der CDU/CSU-Fraktion und Vorsitzende der CSU-Landesgruppe

Thomas Oppermann
Vorsitzender der SPD-Fraktion

Dr. Dietmar Bartsch
Vorsitzender der Fraktion DIE LINKE.

Dr. Sahra Wagenknecht
Vorsitzende der Fraktion DIE LINKE.

Katrin Göring-Eckardt
Vorsitzende der Fraktion BÜNDNIS 90/DIE GRÜNEN

Dr. Anton Hofreiter
Vorsitzender der Fraktion BÜNDNIS 90/DIE GRÜNEN

▶ Konstituierung des Bundestages

Spätestens am 30. Tage nach der Wahl wird der neu gewählte Bundestag zu seiner 1. Sitzung vom Bundestagspräsidenten der vorhergehenden Wahlperiode einberufen. Mit Beginn dieser 1. Sitzung endet die alte Wahlperiode und damit auch die Amtszeit des bisherigen Bundestagspräsidenten. Daher eröffnet das nach Jahren älteste Mitglied des Bundestages, der sogenannte Alterspräsident, die Sitzung, in deren Mittelpunkt die Wahl des Bundestagspräsidenten steht. Nach einer bis in das Jahr 1920 zurückreichenden parlamentarischen Tradition gebührt es der stärksten Fraktion, die Kandidatin oder den Kandidaten für dieses Amt zu benennen. Die Mitglieder des 18. Deutschen Bundestages haben am 22. Oktober 2013 den bisherigen Bundestagspräsidenten Prof. Dr. Norbert Lammert (CDU/CSU) wiedergewählt.

Ist der neue Präsident gewählt, übernimmt er vom Alterspräsidenten den Vorsitz und hält, ebenfalls parlamentarischer Tradition entsprechend, eine allgemeinpolitische Rede, für die er breite Zustimmung erwarten kann. Es folgen eine Reihe von Abstimmungen, mit denen sich der neue Bundestag das Regelwerk für seine parlamentarische Arbeit gibt, das jeweils nur für eine Wahlperiode beschlossen werden kann. Denn jeder Bundestag ist – im Rahmen des Grundgesetzes – frei zu bestimmen, wie er seine Arbeit organisieren will.

Im Anschluss an die Abstimmungen über Geschäftsordnungen ist zunächst die Anzahl der Stellvertreter des Präsidenten zu beschließen und sodann sind die Vizepräsidentinnen und Vizepräsidenten zu wählen. Die Geschäftsordnung sieht vor, dass jede Fraktion mit mindestens einer Vizepräsidentin oder einem Vizepräsidenten im Präsidium vertreten ist. Der Bundestag hat beschlossen, dass in der 18. Wahlperiode die stärkste und die zweitstärkste Fraktion je zwei, die weiteren Fraktionen je einen Stellvertreter des Präsidenten stellen.

Zum Regelwerk für die parlamentarische Arbeit gehört insbesondere die Geschäftsordnung des Deutschen Bundestages (GO-BT), die in der konstituierenden Sitzung in Kraft gesetzt wird. Die Geschäftsordnung regelt das Verfahren innerhalb des Bundestages, zum Beispiel die Behandlung von Gesetzentwürfen und Anträgen im Plenum und in den Ausschüssen, den Ablauf der Plenarsitzungen und die Verfahren zu Abstimmungen und Wahlen. Sie schließt auch die sogenannten Verhaltensregeln für die Abgeordneten ein (siehe oben Seite 15 f.). Die Geschäftsordnung regelt aber nicht nur Details des bundestagsinternen Verfahrens; ihre Hauptauf-

Deutscher Bundestag Stand: 21. Oktober 2013
18. Wahlperiode

Tagesordnung

1. Sitzung des Deutschen Bundestages am Dienstag, dem 22. Oktober 2013, 11 Uhr

1. Eröffnung der Sitzung durch den Alterspräsidenten
2. Wahl des Präsidenten
   verbunden mit Namensaufruf und
   Feststellung der Beschlussfähigkeit
3. Amtsübernahme durch den Präsidenten mit Ansprache
4. Beschlussfassung über die
   - Geschäftsordnung des Deutschen Bundestages
   - Gemeinsame Geschäftsordnung des Bundestages und des Bundesrates für den Ausschuss nach Artikel 77 des Grundgesetzes (Vermittlungsausschuss)
   - Geschäftsordnung für den Gemeinsamen Ausschuss
   - Geschäftsordnung für das Verfahren nach Artikel 115d des Grundgesetzes
   - Richtlinien zur Überprüfung auf eine Tätigkeit oder politische Verantwortung für das Ministerium für Staatssicherheit/Amt für Nationale Sicherheit der ehemaligen Deutschen Demokratischen Republik
5. Festlegung der Zahl der Stellvertreter des Präsidenten
6. Wahl der Stellvertreter des Präsidenten
7. Nationalhymne

Dr. Norbert Lammert

gabe liegt vielmehr in der Gewährung und Wahrung von Minderheitsrechten der Opposition. Ohne eine verbindliche Geschäftsordnung könnte die jeweilige Mehrheit auch das Verfahren im Bundestag bestimmen und Mitwirkungsmöglichkeiten der Minderheit beschränken oder ausschließen, sofern solche Minderheitsrechte nicht bereits in der Verfassung oder in anderen Gesetzen festgeschrieben sind.

Die in der 18. Wahlperiode von CDU, CSU und SPD gebildete Koalition verfügt über insgesamt 503 der 630 Sitze im Deutschen Bundestag. Die Fraktionen DIE LINKE. und BÜNDNIS 90/DIE GRÜNEN haben zusammen 127 Sitze inne, was einem Anteil von etwa 20 Prozent an der Gesamtsitzzahl entspricht. Verschiedene Minderheitsrechte können nach den Regelungen der Geschäftsordnung jedoch nur dann wahrgenommen werden, wenn mindestens 25 Prozent der Abgeordneten entsprechende Anträge unterstützen.

Der Bundestag hat deshalb durch Beschluss vom 3. April 2014 die Rechte der parlamentarischen Opposition gestärkt, indem er die Geschäftsordnung um eine Vorschrift zur besonderen Anwendung der Minderheitsrechte in der 18. Wahlperiode (§ 126a) ergänzt hat. Mit diesen befristet geltenden Regelungen wurden Antragsquoren den bestehenden Mehrheitsverhältnissen angepasst. Danach wird z.B. ein Untersuchungsausschuss oder eine Enquete-Kommission in der laufenden Wahlperiode eingesetzt, wenn 120 Abgeordnete dies beantragen. Wenn die Opposition geschlossen dafür eintritt, kann sich auch der Verteidigungsausschuss als Untersuchungsausschuss konstituieren, um eine „Angelegenheit der Verteidigung" zu untersuchen. Der Bundestagspräsident beruft den Bundestag ein, wenn 120 Abgeordnete dies beantragen. Auf diese und weitere Minderheitsrechte wird später an jeweils entsprechender Stelle eingegangen werden.

Präsidium

Präsident
Dr. Norbert Lammert CDU/CSU

Vizepräsident
Peter Hintze CDU/CSU

Vizepräsident
Johannes Singhammer CDU/CSU

Vizepräsidentin
Edelgard Bulmahn SPD

Vizepräsidentin
Ulla Schmidt SPD

Vizepräsidentin
Petra Pau DIE LINKE.

Vizepräsidentin
Claudia Roth BÜNDNIS 90/DIE GRÜNEN

► Wahl des Bundeskanzlers

Alsbald nach der Bundestagswahl – lange vor der konstituierenden Sitzung des Bundestages – beginnen die Verhandlungen über die Regierungsbildung, die so genannten Koalitionsverhandlungen, die immer dann notwendig sind, wenn keine Fraktion die absolute Mehrheit erlangt hat. Der großen Runde der Koalitionsverhandlungen gehören üblicherweise die Spitzen der Parteien, der Fraktionen und der bisherigen oder künftigen Regierung an. Die detaillierte Vorberatung in den einzelnen Politikfeldern findet üblicherweise in kleineren Arbeitsgruppen statt, denen neben Mitgliedern der großen Verhandlungsrunde weitere Experten wie Fachminister, stellvertretende Fraktionsvorsitzende und Vorsitzende von Arbeitsgruppen und Arbeitskreisen der Fraktionen angehören. Ziel dieser Verhandlungen, die seit den 1970er Jahren in der Regel etwa drei bis vier Wochen, in Einzelfällen aber deutlich länger dauerten, ist es, im Bundestag eine Mehrheit für das politische Aktionsprogramm der Wahlperiode zu finden und sich über die Aufteilung der Ministerien unter den Koalitionspartnern zu einigen. Das Ergebnis der Koalitionsverhandlungen beschließen Präsidien, Vorstände und Bundestagsfraktionen der beteiligten Parteien mit dem Koalitionsvertrag, der üblicherweise den jeweiligen Parteitagen zur Zustimmung vorgelegt wird. Nach der Bundestagswahl 2013 konnten erstmals alle Parteimitglieder der SPD über den zwischen CDU/CSU und SPD ausgehandelten Koalitionsvertrag abstimmen.

Der Bundespräsident unterrichtet sich in Gesprächen mit den Verhandlungsführern über den jeweiligen Stand der Bemühungen um die Regierungsbildung. Ihm ist auch das Ergebnis dieser Verhandlungen förmlich mitzuteilen, denn er hat nach Artikel 63 GG die Aufgabe, dem Bundestag einen Kandidaten für die Wahl zum Bundeskanzler vorzuschlagen.

Nach Grundgesetz und Geschäftsordnung ist der Bundeskanzler ohne Aussprache und mit verdeckten Stimmzetteln, also geheim, zu wählen. Er bedarf zu seiner Wahl der absoluten Mehrheit der Mitglieder des Bundestages; dies sind in der 18. Wahlperiode 316 Stimmen. Der Gewählte ist vom Bundespräsidenten zu ernennen und leistet bei der Amtsübernahme seinen Amtseid vor dem Bundestag.

Bisher sind alle Regierungschefs der Bundesrepublik Deutschland entsprechend dem Vorschlag des Bundespräsidenten gewählt worden. Wäre das einmal nicht der Fall, müsste ein kompliziertes Verfahren mit mehreren Wahlgängen nach Art. 63 Abs. 3, 4 GG durchgeführt werden. Wird die „Kanzlermehrheit" auch dann nicht erreicht, so könnte dies nach Ent-

Der Bundespräsident Berlin, den 16. Dezember 2013

An den
Präsidenten des Deutschen Bundestages
Herrn Prof. Dr. Norbert Lammert, MdB
Platz der Republik 1

11011 Berlin

Sehr geehrter Herr Bundestagspräsident,

gemäß Artikel 63 Absatz 1 des Grundgesetzes für die Bundesrepublik Deutschland schlage ich dem Deutschen Bundestag vor,

Frau Dr. Angela Merkel

zur Bundeskanzlerin zu wählen.

Mit freundlichen Grüßen

scheidung des Bundespräsidenten sogar zur Auflösung des Bundestages führen. Hier wird die elementare Bedeutung der Kanzlerwahl für das Funktionieren des parlamentarischen Systems der Bundesrepublik sichtbar.

Da die Koalitionsfraktionen sich über die personelle Zusammensetzung der Bundesregierung (des Kabinetts) schon vor der Kanzlerwahl geeinigt haben, kann der Bundeskanzler/die Bundeskanzlerin meist an demselben Tag dem Bundespräsidenten die Bundesministerinnen und Bundesminister vorschlagen. Sie werden alsbald vom Bundespräsidenten ernannt und sodann vor dem Bundestag vereidigt.

Traditionsgemäß gibt dann der Bundeskanzler/die Bundeskanzlerin in einer der nächsten Plenarsitzungen die Regierungserklärung ab, mit der das Programm der neuen Regierung in seinen Grundzügen vorgestellt wird. Daran schließt sich eine oft mehrtägige Generaldebatte des neuen Bundestages an: Das parlamentarische Regierungssystem ist handlungsfähig, die politische Arbeit hat begonnen.

Organe des Bundestages

Organe des Bundestages sind diejenigen Amtsträger und Gremien, die vom ganzen Bundestag, dem Plenum, zur Wahrnehmung bestimmter parlamentarischer Teilfunktionen gewählt oder eingesetzt werden.

▶ Präsident und Vizepräsidenten

Der Präsident und seine Stellvertreter, die Vizepräsidenten, werden für die Dauer der Wahlperiode gewählt. Sie können nicht durch Bundestagsbeschluss abberufen werden. Diese Regelung soll ihre Unabhängigkeit in der Führung ihrer Amtsgeschäfte, insbesondere bei der Leitung der Plenarsitzungen, stärken. Liegen Umstände vor, die den Verbleib eines Präsidenten oder Vizepräsidenten in seinem Amt zweifelhaft erscheinen lassen, so kommt für eine personelle Veränderung nur der Weg des Rücktritts in Betracht.

Die wichtigsten Aufgaben des Präsidenten nennt die Geschäftsordnung des Bundestages:

> „Der Präsident vertritt den Bundestag und regelt seine Geschäfte. Er wahrt die Würde und die Rechte des Bundestages, fördert seine Arbeiten, leitet die Verhandlungen gerecht und unparteiisch und wahrt die Ordnung im Hause. Er hat beratende Stimme in allen Ausschüssen."

Der Präsident vertritt den Bundestag, d.h. er repräsentiert ihn gegenüber allen Verfassungsorganen der Bundesrepublik Deutschland sowie gegenüber der deutschen und internationalen Öffentlichkeit. Da die Volksvertretung als das einzige unmittelbar vom Volke gewählte Verfassungsorgan die oberste Gewalt im Staate darstellt, steht der Bundestagspräsident protokollarisch an zweithöchster Stelle – nach dem Staatsoberhaupt, dem Bundespräsidenten. An den Bundestagspräsidenten sind alle Schreiben zu richten, die den Bundestag (und nicht einzelne Fraktionen oder

Abgeordnete) betreffen. Er vertritt den Bundestag in allen Rechtsstreitigkeiten; dies geschieht allerdings nicht in eigener Person, sondern durch Prozessvertreter, die für den Bundestag zu bestellen sind. Zur Gewährleistung der Unabhängigkeit des Bundestages ist dem Präsidenten durch Art. 40 Abs. 2 GG die Ausübung des Hausrechts und der Polizeigewalt übertragen. Zugleich ist er Behördenchef: ihm untersteht als oberste Bundesbehörde die Verwaltung des Deutschen Bundestages (s. dazu unten S. 151 ff.). Das Parteiengesetz weist dem Bundestagspräsidenten darüber hinaus die exekutiven Aufgaben einer mittelverwaltenden Behörde für die staatliche Teilfinanzierung der Parteien zu.

Die für die Öffentlichkeit sichtbarste Aufgabe des Präsidenten ist die Leitung der Bundestagssitzungen, in der er sich mit den Vizepräsidenten abwechselt. Er eröffnet und schließt die Sitzungen, ruft die Beratungsgegenstände (Tagesordnungspunkte) auf, eröffnet und schließt die Aussprachen, er erteilt das Wort und bestimmt die Reihenfolge der Rednerinnen und Redner. Der jeweils amtierende Präsident ist bei der Leitung der Sitzungen grundsätzlich unabhängig. Zweifelsfragen über die Auslegung der Geschäftsordnung, die während einer Sitzung auftreten, entscheidet der amtierende Präsident. Öffentliche Kritik an der Verhandlungsführung des amtierenden Präsidenten widerspricht der parlamentarischen Ordnung. Zur Sicherung des ordnungsgemäßen Ablaufs steht dem Präsidenten während der Plenarsitzungen die Ordnungsgewalt zu, d.h. er kann Redner, die vom Verhandlungsgegenstand abschweifen, zur Sache verweisen, und Abgeordnete, die als Redner oder Zwischenrufer gegen die Ordnung verstoßen, z.B. durch beleidigende Äußerungen oder störenden Lärm, unter Nennung des Namens zur Ordnung rufen. Im Falle einer nicht nur geringfügigen Verletzung der Ordnung oder der Würde des Bundestages kann der Präsident ein Ordnungsgeld in Höhe von 1 000 Euro, im Wiederholungsfalle von 2 000 Euro festsetzen. Bei gröblicher Verletzung der Ordnung kann er einen Abgeordneten sogar bis zu 30 Sitzungstage von der Teilnahme an Sitzungen des Bundestages und seiner Gremien ausschließen – mit Folgen für die Höhe seiner Kostenpauschale.

Bei großer Unruhe, die den Fortgang der Verhandlungen in Frage stellt, kann der Präsident die Sitzung unterbrechen, notfalls dadurch, dass er den Präsidentenstuhl verlässt. Und schließlich kann der Sitzungspräsident Zuhörer, die durch ungebührliches Betragen oder Lärm die Sitzung stören, von der Tribüne entfernen lassen.

Während der Plenarsitzungen lösen sich der Präsident und die Vizepräsidenten in der Regel alle zwei Stunden in der Leitung ab. Der jeweils amtierende Präsident übt die Leitungs- und Ordnungsgewalt in gleichem Umfang aus wie der Bundestagspräsident.

▶ Das Präsidium

Der Präsident und die Vizepräsidenten bilden das Präsidium (s. S. 26). Dieses tritt regelmäßig in jeder Sitzungswoche des Bundestages zusammen, um Angelegenheiten, die die Leitung des Hauses betreffen, zu beraten. Das Präsidium wirkt unter anderem an Personalangelegenheiten der höheren Beamtinnen und Beamten der Bundestagsverwaltung und bei Abschluss wichtiger Verträge mit. Auch Fragen der Öffentlichkeitsarbeit werden im Präsidium eingehend beraten. Zu seinen Aufgaben gehört zudem die Genehmigung von Delegationsreisen der Ausschüsse und Parlamentariergruppen ins Ausland. Daneben ist es eingebunden in die Überwachung der Einhaltung der Verhaltensregeln durch die Abgeordneten. Bedeutung und Einfluss des Präsidiums gehen jedoch weit über die Wahrnehmung dieser Befugnisse hinaus. In der Praxis ist es ein kollegiales Leitungsorgan, das alle wichtigen Fragen erörtert, darunter auch solche, die rechtlich in die Entscheidungskompetenz des Bundestagspräsidenten fallen.

▶ Schriftführerinnen und Schriftführer

Der Bundestag hat nach Art. 40 GG außer dem Präsidenten und seinen Stellvertretern auch die Schriftführer zu wählen. Dabei ist er frei in der Bestimmung ihrer Zahl; in der 18. Wahlperiode gibt es 65 Schriftführerinnen und Schriftführer, die sich an den Sitzungstagen abwechseln.

Der Präsident und zwei Schriftführer, und zwar jeweils einer von den Koalitionsfraktionen und einer von den Oppositionsfraktionen, bilden den Sitzungsvorstand. Die Schriftführer unterstützen den Präsidenten bei der Leitung der Sitzung, indem sie Wortmeldungen und Anträge entgegennehmen, Rednerlisten führen, den Sitzungsverlauf festhalten und weitere, vom Präsidenten zugewiesene Aufgaben wahrnehmen. Eine wichtige Rolle fällt ihnen bei Abstimmungen zu, deren Ergebnis sie mit dem amtierenden Präsidenten feststellen. Der Sitzungsvorstand kann nur einmütig entscheiden, ob eine Mehrheit von Ja- oder Neinstimmen vorliegt (zu den Abstimmungsverfahren unten S. 76f.)

▶ Ältestenrat

Als gemeinsames Beratungsorgan des Präsidenten und der Fraktionen zur Steuerung der Arbeit des Bundestages sieht die Geschäftsordnung den Ältestenrat vor. Er setzt sich aus dem Präsidenten, den Vizepräsidenten und 23 weiteren Abgeordneten zusammen, die von den Fraktionen entsprechend ihrer Mitgliederzahl benannt werden, darunter die Parlamentarischen Geschäftsführerinnen und Geschäftsführer der Fraktionen.

Der Ältestenrat tritt regelmäßig in jeder Sitzungswoche des Bundestages unter dem Vorsitz des Bundestagspräsidenten zusammen. An den Sitzungen nimmt auch ein Vertreter der Bundesregierung, meist ein Staatsminister beim Bundeskanzler/bei der Bundeskanzlerin, also ebenfalls ein Mitglied des Bundestages, teil.

Dem Ältestenrat sind zwei verschiedene Arten von Aufgaben übertragen. Einerseits unterstützt er den Präsidenten bei der Führung der Geschäfte und führt eine Verständigung zwischen den Fraktionen, z. B. über die Besetzung der Stellen der Ausschussvorsitzenden und ihrer Stellvertreter sowie über den Arbeitsplan des Bundestages herbei. Andererseits beschließt er als Kollegialorgan über innere Angelegenheiten des Bundestages, soweit sie nicht dem Präsidenten oder dem Präsidium vorbehalten sind.

Der Ältestenrat legt frühzeitig für das folgende Jahr den Arbeitsplan des Bundestages fest. Grundsätzlich wird ein Rhythmus angestrebt, bei dem auf 2 Sitzungswochen 1 – 2 sitzungsfreie Wochen folgen. Wegen der verschiedenen Ferienzeiten, der Sommerpause und besonderer Feiertage kann dieser Rhythmus allerdings nicht immer eingehalten werden. So ergibt sich seit langem eine Zahl von 22 bis 24 Tagungswochen im Jahr.

Im Ältestenrat wird vor allem aber die Tagesordnung des Plenums für die nächste Sitzungswoche vereinbart, also welche Angelegenheiten (Gesetzentwürfe, Anträge, Große Anfragen, Regierungserklärungen etc.) vom Plenum beraten werden sollen. Dabei wird gleichzeitig vereinbart, ob über einen Punkt der Tagesordnung debattiert werden soll, wie lange die Aussprache dauern und wie sie ablaufen soll. Diese Vereinbarungen werden zum Großteil bereits im Vorfeld der Ältestenratssitzung in der Runde der Parlamentarischen Geschäftsführer vorbereitet.

Alle diese Vereinbarungen des Ältestenrates sind eigentlich nur Vorschläge für das Plenum des Bundestages. So kann jedes Mitglied des Bundestages vor Aufruf des ersten Tagesordnungspunktes einer Sitzung eine Änderung der Tagesordnung beantragen, wenn dieser Antrag bis spätestens 18.00 Uhr des Vortages dem Präsidenten vorgelegt worden ist. Dann muss der Bundestag darüber entscheiden. Auch zu der vereinbarten Dauer und Einteilung einer Aussprache können durch Wortmeldung zur Geschäftsordnung Änderungen beantragt werden. Dies geschieht jedoch fast nie. Auch Kampfabstimmungen über eine Änderung der Tagesordnung sind selten. Ist die Tagesordnung – automatisch durch Aufruf des ersten Tagesordnungspunktes einer Sitzung – festgestellt, so kann ein weiterer Verhandlungsgegenstand nicht mehr auf die Tagesordnung gesetzt werden, wenn auch nur eine Fraktion widerspricht.

Der Ältestenrat befasst sich auch mit auftretenden Streitigkeiten in Plenarsitzungen und Fragen der Auslegung der Geschäftsordnung. Darüber hinaus erörtert der Präsident mit den Mitgliedern des Ältestenrates zahlreiche andere Fragen, die sich auf die Zeitplanung der Ausschüsse, auf die Ausschussüberweisung der Gesetzentwürfe und der sonstigen Vorlagen, z. B. der Europäischen Union, auf die Rechte der Abgeordneten, auf die Wahrnehmung der Rechte des Bundestages und vieles andere beziehen. In allen diesen Fragen strebt der Präsident Vereinbarungen zwischen allen Fraktionen (interfraktionelle Vereinbarungen) an.

Über eine Reihe von Angelegenheiten kann der Ältestenrat mit Mehrheit beschließen. Hierzu gehört vor allem die Aufstellung des Voranschlags für den Haushaltsplan des Bundestages (Einzelplan 02 des Bundeshaushaltsplans). Von diesem Voranschlag kann der Haushaltsausschuss bei seinen Empfehlungen zur abschließenden Beratung des Bundestages über den Bundeshaushalt nach der Geschäftsordnung nur im Benehmen mit dem Ältestenrat abweichen, d. h. nachdem er dem Ältestenrat Gelegenheit zur Stellungnahme gegeben hat. Der Ältestenrat beschließt auch über notwendige Baumaßnahmen und die Verteilung der Räume auf die Fraktionen und die Bundestagsverwaltung, über Angelegenheiten der Mitarbeiterinnen und Mitarbeiter der Abgeordneten sowie des Besucherdienstes und vieles andere mehr. Die Beschlüsse des Ältestenrates auf diesen Gebieten werden von Kommissionen vorbereitet, die der Ältestenrat einsetzt. In der 18. Wahlperiode gibt es folgende fünf Kommissionen, die jeweils von einer Vizepräsidentin oder einem Vizepräsidenten geleitet werden:

- Kommission für die Rechtsstellung der Abgeordneten
- Kommission für die Bau- und Raumangelegenheiten

- Kommission für die Angelegenheiten von Mitarbeiterinnen und Mitarbeitern der Abgeordneten
- Kommission für den Einsatz neuer Informations- und Kommunikationstechniken und -medien
- Kommission für Innere Angelegenheiten des Bundestages – Innere Kommission

▶ Ständige Ausschüsse

In einem Arbeitsparlament wie dem Deutschen Bundestag liegt der Schwerpunkt der parlamentarischen Arbeit bei den Ausschüssen. Zu Beginn jeder Wahlperiode beschließt der Bundestag die Einsetzung seiner ständigen Ausschüsse sowie ihre Mitgliederzahl und legt die Stellenanteile der Fraktionen, d.h. das mathematische Verfahren fest, nach dem die Zusammensetzung der Ausschüsse und die Regelung des Vorsitzes in den Ausschüssen im Verhältnis der Stärke der einzelnen Fraktionen zu berechnen ist. Alle diese Beschlüsse werden in der Regel auf Grund interfraktioneller Vereinbarungen gefasst.

Das Grundgesetz schreibt lediglich die Einsetzung des Auswärtigen Ausschusses, des Petitionsausschusses, des Verteidigungsausschusses und des Ausschusses für die Angelegenheiten der Europäischen Union vor. Einfachgesetzliche Regelungen bzw. Geschäftsordnungsvorschriften sehen darüber hinaus den Haushaltsausschuss und den Ausschuss für Wahlprüfung, Immunität und Geschäftsordnung vor. In den vergangenen Wahlperioden hat der Bundestag regelmäßig mehr als 20 ständige Ausschüsse eingesetzt, deren fachlicher Zuschnitt weitgehend der Organisation der Bundesregierung folgt; in der Regel steht je einem Bundesministerium ein ständiger Fachausschuss gegenüber. Davon abweichend ist neben dem Innenausschuss auch der Sportausschuss für Angelegenheiten des Bundesinnenministeriums zuständig. Ferner steht dem Finanzministerium nicht nur der Finanzausschuss für Fragen der Steuergesetzgebung gegenüber, sondern auch der Haushaltsausschuss für die Beratung des Bundeshaushalts und aller damit zusammenhängenden Fragen. Der Haushaltsausschuss nimmt jedoch im Rahmen der Haushaltsberatung und der Haushaltskontrolle parlamentarische Kontrollaufgaben gegenüber allen Bundesministerien wahr. Schließlich werden seit der 12. Wahlperiode Fragen des Fremdenverkehrs einem Ausschuss für Tourismus zugewiesen. Auch der Ausschuss für die Angelegenheiten der Europäischen

Union passt nicht in das allgemeine Schema, da er nicht nur mit dem Auswärtigen Amt, sondern auch mit einer Vielzahl anderer Ressorts zusammenarbeitet. Eine besondere Stellung haben auch die Ausschüsse für Menschenrechte und humanitäre Hilfe sowie für Kultur und Medien. Zu erwähnen ist schließlich, dass es keine Ministerien mit einem dem Ausschuss für Wahlprüfung, Immunität und Geschäftsordnung sowie dem Petitionsausschuss vergleichbaren Kompetenzbereich gibt.

Sobald die Regierungsbildung abgeschlossen ist und damit der Zuschnitt der Bundesministerien feststeht, werden diese ständigen Ausschüsse für die Dauer der gesamten Wahlperiode eingesetzt. Eine Sondersituation gab es zu Beginn der jetzigen 18. Wahlperiode, als sich wegen der überdurchschnittlich langen Koalitionsverhandlungen zwischen CDU/CSU und SPD sowie des sich daran anschließenden Mitgliederentscheids der SPD die Regierungsbildung und damit auch die Einsetzung der Bundestagsausschüsse verzögerte: Für diese Übergangszeit hat der Bundestag erstmals in seiner Geschichte am 28. November 2013 einen sogenannten Hauptausschuss zur Beratung verschiedener, insbesondere eilbedürftiger Vorlagen eingesetzt. Nach seinem Einsetzungsbeschluss wurden die Zuständigkeiten des aus je 47 ordentlichen und stellvertretenden Mitgliedern bestehenden Hauptausschusses durch Überweisungen des Plenums begründet. Das Gremium war Ausschuss im Sinne von Art. 45, 45a und 45c GG, d.h. Ausschuss für die Angelegenheiten der EU, für auswärtige Angelegenheiten und für Verteidigung sowie Petitionsausschuss, und zudem Haushaltsausschuss im Sinne der gesetzlichen und geschäftsordnungsrechtlichen Vorgaben. Der Vorsitz oblag dem Präsidenten oder einem seiner Stellvertreter/-innen ohne Stimmrecht. Mit Konstituierung der ständigen Ausschüsse Mitte Januar 2014 wurde der Hauptausschuss aufgelöst.

Die Ausschüsse sind in ihrer Zusammensetzung ein verkleinertes Abbild des Plenums. Die Zahl der Ausschussmitglieder, die einer Fraktion entsprechend ihrer Stärke zusteht, wird nach dem Proportionalverfahren „Saint Laguë/Schepers" berechnet.

Verfahren nach Saint Laguë/Schepers:

Bei dieser Methode wird die Mitgliederzahl des Bundestages durch die Mitgliederzahl jeder Fraktion geteilt; das Ergebnis wird dann fortlaufend mit 0,5, 1,5, 2,5 usw. multipliziert. Dabei ergeben sich Rangmaßzahlen, nach denen die Sitze zugeteilt werden: Die Fraktion mit der niedrigsten Rangmaßzahl erhält den ersten Sitz, die mit der nächst höheren Rangmaßzahl den jeweils nächsten Sitz. Danach berechnet sich die Sitzverteilung in den Gremien des 18. Deutschen Bundestages wie folgt*:

Stärke der Fraktionen

CDU/CSU:	311 Mitglieder
SPD:	193 Mitglieder
DIE LINKE.:	64 Mitglieder
BÜNDNIS 90/DIE GRÜNEN:	63 Mitglieder
	631 Mitglieder

Berechnung der Rangmaßzahlen:

CDU/CSU Fraktion

$\frac{631}{311}$ × 0,5 = 1,014
× 1,5 = 3,043
× 2,5 = 5,072
usw.

SPD-Fraktion

$\frac{631}{193}$ × 0,5 = 1,635
× 1,5 = 4,904
× 2,5 = 8,174
usw.

Fraktion DIE LINKE.

$\frac{631}{64}$ × 0,5 = 4,930
× 1,5 = 14,789
× 2,5 = 24,648
usw.

Fraktion BÜNDNIS 90/DIE GRÜNEN

$\frac{631}{63}$ × 0,5 = 5,008
× 1,5 = 15,024
× 2,5 = 25,040
usw.

Nach dieser Berechnung setzt sich ein Ausschuss mit 34 Mitgliedern wie folgt zusammen: CDU/CSU 17, SPD 11, DIE LINKE. 3, BÜNDNIS 90/DIE GRÜNEN 3.

* Berechnung auf der Grundlage der Mitgliederzahl des Bundestages zu Beginn der 18. Wahlperiode, s. S. 12.

Nach dem Berechnungssystem von Saint Laguë/Schepers wird auch die Verteilung der Positionen des Ausschussvorsitzes und des stellvertretenden Ausschussvorsitzes auf die Fraktionen berechnet. So stellt in der laufenden

18. Wahlperiode die CDU/CSU den Vorsitz in 12, die SPD in 7, DIE LINKE. und BÜNDNIS 90/DIE GRÜNEN in je 2 Ausschüssen. Zumeist wird eine Verständigung zwischen den Fraktionen erzielt, in welchen Ausschüssen die einzelnen Fraktionen den Vorsitz und den stellvertretenden Vorsitz benennen können. Ist eine solche Einigung nicht möglich, wird das so genannte Zugreifverfahren angewandt: in der Reihenfolge der Rangmaßzahlen greifen die Fraktionen zu, d. h. treffen sie die Wahl, in welchem noch nicht besetzten Ausschuss sie den Vorsitz übernehmen wollen.

Wie werden die Abgeordneten Mitglied in einem von ihnen gewünschten Ausschuss? Auch hier spielen die Fraktionen die entscheidende Rolle, da sie ihre Mitglieder in den Ausschüssen benennen. Wünsche auf Mitgliedschaft in einem bestimmten Ausschuss melden die Abgeordneten daher bei ihrer Fraktion an, wo alle diese Wünsche koordiniert werden müssen. Die Fraktionen können einzelne Ausschussmitglieder auch abberufen und durch andere Fraktionsmitglieder ersetzen.

Die Abgeordneten sollen möglichst nur einem Ausschuss als ordentliches Mitglied angehören. Stellvertretende Ausschussmitglieder können an jeder Ausschusssitzung teilnehmen, doch können sie nur in Vertretung eines nicht anwesenden ordentlichen Mitglieds ihrer Fraktion im Ausschuss mit abstimmen. Der Ausschuss hat so viele Stimmen wie ordentliche Mitglieder.

Einen Sonderstatus im Ausschuss besitzen Abgeordnete, die weder einer Fraktion noch einer Gruppe angehören. Nach einer Entscheidung des Bundesverfassungsgerichts haben sie, um angemessen an der parlamentarischen Arbeit teilnehmen zu können, außerhalb des geschilderten Verteilungsverfahrens einen Anspruch auf Mitgliedschaft in einem Ausschuss, der von dem Präsidenten nach Anhörung des Abgeordneten bestimmt wird. Diese Mitgliedschaft umfasst das Rede- und Antragsrecht, nicht jedoch das Stimmrecht im Ausschuss.

Ist das Verfahren der Ausschussbesetzung abgeschlossen, beruft der Bundestagspräsident die Ausschüsse zu ihren konstituierenden Sitzungen ein. Diese werden entweder von ihm selbst oder einer/einem der Vizepräsidentinnen oder Vizepräsidenten geleitet. Dabei muss der Ausschuss beschlussfähig, d. h. die Mehrzahl der Mitglieder anwesend sein. Mit der Feststellung der Beschlussfähigkeit und der Bestimmung der oder des Vorsitzenden ist der Ausschuss konstituiert und kann mit der parlamentarischen Arbeit beginnen.

In der 18. Wahlperiode hat der Bundestag folgende 23 ständigen Ausschüsse gebildet:

Die Ausschüsse:

Ausschuss für Wahlprüfung, Immunität und Geschäftsordnung (14 Mitglieder)

Vorsitzender:
Dr. Johann Wadephul CDU/CSU

Petitionsausschuss (26 Mitglieder)

Vorsitzende:
Kersten Steinke DIE LINKE.

Auswärtiger Ausschuss (37 Mitglieder)

Vorsitzender:
Dr. Norbert Röttgen CDU/CSU

Innenausschuss (37 Mitglieder)

Vorsitzender:
Ansgar Heveling CDU/CSU

Sportausschuss (18 Mitglieder)

Vorsitzende:
Dagmar Freitag SPD

Ausschuss für Recht und Verbraucherschutz (39 Mitglieder)

Vorsitzende:
Renate Künast BÜNDNIS 90/DIE GRÜNEN

Finanzausschuss (37 Mitglieder)

Vorsitzende:
Ingrid Arndt-Brauer SPD

Haushaltsausschuss (41 Mitglieder)

Vorsitzende:
Dr. Gesine Lötzsch DIE LINKE.

Ausschuss für Wirtschaft und Energie (46 Mitglieder)

Vorsitzender:
Dr. Peter Ramsauer CDU/CSU

Ausschuss für Ernährung und Landwirtschaft (34 Mitglieder)

Vorsitzender:
Alois Gerig CDU/CSU

Ausschuss für Arbeit und Soziales (41 Mitglieder)

Vorsitzende:
Kerstin Griese SPD

Verteidigungsausschuss (32 Mitglieder)

Vorsitzender:
Wolfgang Hellmich SPD

Ausschuss für Familie, Senioren, Frauen und Jugend (36 Mitglieder)

Vorsitzender:
Paul Lehrieder CDU/CSU

Ausschuss für Gesundheit (37 Mitglieder)

Vorsitzender:
Dr. Edgar Franke SPD

Ausschuss für Verkehr und digitale Infrastruktur (41 Mitglieder)

Vorsitzender:
Martin Burkert SPD

Ausschuss für Umwelt, Naturschutz, Bau und Reaktorsicherheit (36 Mitglieder)

Vorsitzende:
Bärbel Höhn BÜNDNIS 90/DIE GRÜNEN

Ausschuss für Menschenrechte und humanitäre Hilfe (16 Mitglieder)

Vorsitzender:
Michael Brand CDU/CSU

Ausschuss für Bildung, Forschung und Technikfolgenabschätzung (34 Mitglieder)

Vorsitzende:
Patricia Lips CDU/CSU

Ausschuss für wirtschaftliche Zusammenarbeit und Entwicklung (21 Mitglieder)

Vorsitzende:
Dagmar Wöhrl CDU/CSU

Ausschuss für Tourismus (18 Mitglieder)

Vorsitzende:
Heike Brehmer CDU/CSU

Ausschuss für die Angelegenheiten der Europäischen Union (34 Mitglieder)

Vorsitzender:
Gunther Krichbaum CDU/CSU

Ausschuss für Kultur und Medien (18 Mitglieder)

Vorsitzender:
Siegmund Ehrmann SPD

Ausschuss Digitale Agenda (16 Mitglieder)

Vorsitzender:
Jens Koeppen CDU/CSU

Die Geschäftsordnung bezeichnet die Ausschüsse als „vorbereitende Beschlussorgane des Bundestages". Mit dieser kurzen Beschreibung kommt die große Bedeutung der Ausschüsse für die parlamentarische Arbeit zum Ausdruck. So beraten Ausschüsse alle Vorlagen, die ihnen vom Plenum überwiesen wurden, insbesondere Gesetzentwürfe. Mit seiner Beschlussempfehlung gibt der Ausschuss für das Plenum des Bundestages dann ein Votum ab, wie mit der ihm überwiesenen Vorlage verfahren werden soll. Häufig liegen einem Ausschuss zu demselben Thema mehrere Gesetzentwürfe oder Anträge vor, z. B. einer von der Bundesregierung oder den Koalitionsfraktionen, einer von der Opposition und ein weiterer vom Bundesrat. In diesem Falle beschließt der Ausschuss, von welchem Vorlagentext er bei seinen Beratungen ausgeht. Weitere Vorlagen werden dann in der Beratung als Änderungsvorschläge herangezogen und behandelt, so dass sich die Beratungsgrundlage in wesentlichen Punkten inhaltlich verändern kann (zum Gesetzgebungsverfahren in den Ausschüssen siehe ausführlich Seite 114 ff.).

Die Beschlussempfehlungen an den Bundestag dürfen sich nur auf die den Ausschüssen überwiesenen Vorlagen oder mit diesen in unmittelbarem Sachzusammenhang stehenden Fragen beziehen. Ausschüsse sind grundsätzlich nicht befugt, abschließend über eine Angelegenheit zu entscheiden.

Die Geschäftsordnung gestattet es den Ausschüssen ausdrücklich, sich auch mit Fragen aus ihrem Geschäftsbereich zu befassen, die ihnen nicht vom Bundestag überwiesen worden sind. Ein Ausschuss kann zu einer solchen, nicht vom Bundestag überwiesenen Angelegenheit aus seinem Geschäftsbereich eine Diskussion führen, er kann dazu auch Vertreterinnen und Vertreter „seines" Ministeriums hören und Auskünfte einholen; ja, es ist üblich, dass ein Ausschuss mehrmals innerhalb einer Wahlperiode „seine" Ministerin oder „seinen" Minister um Bericht über die Gesetzgebungsvorhaben in der anstehenden Wahlperiode ersucht und Einzelberichte zu aktuellen Fragen aus seinem Ministerium anfordert. Diese Selbstbefassungskompetenz schließt jedoch nicht die Befugnis ein, darüber dem Bundestag Beschlussempfehlungen vorzulegen.

Die Ausschüsse können auch „ihren" Ministern empfehlen, bestimmte Maßnahmen zu ergreifen. Das Selbstbefassungsrecht der Ausschüsse hat sich zu einem wichtigen Instrument der parlamentarischen Kontrolle entwickelt, die die Ausschüsse über die ihnen gegenüberstehenden Bundesministerien ausüben. Die Ausschüsse sind der richtige Ort, ins Detail gehende Fragen zu klären.

Die laufende begleitende Diskussion von Maßnahmen, die die Exekutive zu treffen hat (z.B. zivile oder militärische Beschaffungen, Verkehrsplanung etc.), hat jedoch auch ihre Kehrseite. Aus der politischen Kontrolle kann sich leicht ein Maß an Beteiligung entwickeln, das in die Nähe einer Mitregierung, d.h. einer Mitverantwortung für die Entscheidungen der Minister rückt und spätere Kritik zumindest erschwert.

Die Ausschüsse sind zur baldigen Erledigung der ihnen überwiesenen Aufgaben verpflichtet. Verzögert sich die Beratung einer Vorlage im Ausschuss, aus welchen Gründen auch immer, so können die Fraktionen oder 5 vom Hundert der Abgeordneten, derzeit also (mindestens) 32 Abgeordnete, zehn Sitzungswochen nach Überweisung einer Vorlage verlangen, dass der Ausschuss einen Bericht über den Stand der Beratungen erstattet. Wenn sie es verlangen, ist der Bericht auf die Tagesordnung des Bundestages zu setzen. Damit ist ein Instrument vorhanden, mit dem auch eine Minderheit, vor allem die Opposition, Druck auf die Beratung einer Vorlage im Ausschuss ausüben kann. Allerdings sind zehn Sitzungswochen eine lange Zeit, es kann ein halbes Jahr darüber vergehen.

Die Sitzungen der Ausschüsse werden von ihren Vorsitzenden vorbereitet, einberufen und geleitet. Sie können ihren Ausschuss nur im Rahmen der vom Ältestenrat festgelegten Tagungszeiten für Ausschüsse einberufen. Zur Einberufung sind sie verpflichtet, wenn eine Fraktion im Ausschuss oder mindestens ein Drittel der Ausschussmitglieder dies unter Angabe der Tagesordnung verlangen. Die Einberufung einer Ausschusssitzung außerhalb des Zeitplanes oder außerhalb Berlins bedarf der Genehmigung des Präsidenten, auch dann, wenn der Ausschuss es einstimmig beschlossen oder eine Fraktion es verlangt hat. Die Ausschüsse tagen regelmäßig am Mittwoch der Sitzungswochen. Der Vorbereitung der Ausschusssitzungen dienen die Obleuterunden, in denen der Vorsitzende mit den Obleuten, d.h. den Abgeordneten, die in dem Ausschuss die Hauptansprechpartner ihrer jeweiligen Fraktionsführung sind und in den Ausschussberatungen den Kurs der Fraktion entscheidend mitbestimmen, die Tagesordnung sowie organisatorische und inhaltliche Fragen der nächsten Sitzung abstimmt sowie die längerfristige Planung der Ausschussarbeit erörtert.

Zur Vorbereitung seiner Arbeiten kann jeder Ausschuss aus seiner Mitte Unterausschüsse mit bestimmten Aufträgen einsetzen, es sei denn, dass ein Drittel seiner Mitglieder widerspricht. Solche Unterausschüsse werden entweder zur Beratung eines bestimmten Gesetzentwurfes oder eines besonderen Problems eingesetzt oder aber für bestimmte Teilgebiete der Kompetenz des Ausschusses während der gesamten Wahlperiode. Beispiele für den letztgenannten Fall sind der Unterausschuss zu Fragen der Europäischen Union und der Rechnungsprüfungsausschuss des Haushaltsausschusses.

Fraktionen können in Ausnahmefällen auch Abgeordnete, die nicht dem Ausschuss angehören, als Mitglieder eines Unterausschusses benennen. Darüber hinaus können auch mehrere Ausschüsse einen gemeinsamen Unterausschuss, insbesondere für die Behandlung von Querschnittsthemen, bilden.

Ein Ausschuss ist beschlussfähig, wenn die Mehrheit der Mitglieder anwesend ist. Er gilt jedoch als beschlussfähig, solange nicht vor einer Abstimmung ein Mitglied verlangt, die Beschlussfähigkeit festzustellen. Dies bedeutet, dass ein Ausschuss auch mit weniger als der Hälfte seiner Mitglieder beraten und beschließen kann. Die Feststellung der Beschlussfähigkeit soll meist nur dazu dienen, eine Abstimmung mit einer Besetzung des Ausschusses, die nicht dem Stärkeverhältnis der Fraktionen im Bundestag entspricht, zu verhindern. Ist der Ausschuss jedoch beschlussfähig, so kann eine Abstimmung mit einer Zufallsmehrheit nicht verhindert werden. Sehr sinnvoll sind solche Abstimmungen allerdings nicht, denn sie können spätestens im Plenum wieder revidiert werden.

Jeder Ausschuss hat das Recht, durch Beschluss die Anwesenheit eines Mitgliedes der Bundesregierung zu verlangen, sowohl in den regulären Beratungssitzungen als auch bei öffentlichen Anhörungen. Die Herbeirufung durch Ausschussbeschluss ist jedoch selten, weil die zuständigen Regierungsmitglieder zur Beratung wichtiger Fragen ein eigenes Interesse an der Teilnahme haben und bei Verhinderung Parlamentarische oder beamtete Staatssekretärinnen oder Staatssekretäre entsendet werden.

Grundsätzlich sind die Beratungen der Ausschüsse nicht öffentlich. Ein Ausschuss kann zwar beschließen, die Öffentlichkeit zuzulassen; dies geschieht aber selten. Das Zögern der Ausschüsse bei der Herstellung der Öffentlichkeit ihrer Sitzungen ist darin begründet, dass sie sich von einer Beratung ohne Publikum, ohne Presse und Fernsehen mehr Nüchternheit und Sachbezogenheit versprechen und dabei auch offen reden können, ohne sich gleich öffentlich festzulegen.

Das allerdings führt dazu, dass der größte Teil der im Bundestag geleisteten Arbeit, nämlich die in den Fraktionen, ihren Arbeitskreisen und -gruppen, den Ausschüssen und Unterausschüssen, im Ältestenrat und im Präsidium, abgesehen von einzelnen Ergebnismeldungen der Öffentlichkeit nicht zugänglich und daher auch zu wenig bekannt ist. Das Bild, das die Öffentlichkeit vom Bundestag gewinnt, entsteht fast ausschließlich aus den Plenarsitzungen des Bundestages, die von den Tribünen, durch Fernsehübertragungen oder live im Internet verfolgt werden können. Dieses Bild ist wegen der häufig geringen Präsenz der Abgeordneten im Plenum unbefriedigend und führt gelegentlich zu dem Trugschluss, der Bundestag widme sich seinen Aufgaben nicht in dem gebotenen Maße. Die Arbeitsstatistik des Parlaments (s. S. 98) beweist das Gegenteil.

Auch zu nicht öffentlichen Sitzungen kann ein Ausschuss Sachverständige oder Verbandsvertreter hinzuziehen. Im Übrigen ist es allgemein üblich, dass sich die Verbände schriftlich an einen Ausschuss wenden, um ihre Auffassungen zu Vorlagen, die dort behandelt werden, darzulegen. Bei Vorlagen, durch die wesentliche Belange von Gemeinden und Gemeindeverbänden berührt werden, soll ein Ausschuss den auf Bundesebene bestehenden kommunalen Spitzenverbänden vor der Beschlussfassung Gelegenheit zur Stellungnahme geben.

Zur Information über einen Gegenstand seiner Beratung kann ein Ausschuss auch zu einer öffentlichen Anhörung Sachverständige und andere Auskunftspersonen einladen. Von dieser Möglichkeit der öffentlichen Anhörungen wird in großem Umfang Gebrauch gemacht. Sie sind eine Möglichkeit der Ausschüsse, sich Informationen über einen Beratungsgegenstand zu beschaffen. Darüber hinaus sind sie ein Mittel, um die Öffentlichkeit über die zu einem Thema von allgemeinem Interesse vorhandenen Ansichten zu informieren, und sie geben auch den Verbänden Gelegenheit, ihre verschiedenen, oft stark voneinander abweichenden Ansichten öffentlich im Bundestag zu vertreten.

Das Recht, eine öffentliche Anhörung zu verlangen, ist als Minderheitsrecht ausgebildet. Es genügt dazu ein entsprechendes Verlangen eines Viertels der Ausschussmitglieder (in der 18. Wahlperiode: das Verlangen aller Ausschussmitglieder der Fraktionen, die nicht die Bundesregierung tragen). Allerdings gilt dies nur bei Vorlagen, die dem Ausschuss überwiesen worden sind, nicht bei Themen im Rahmen der Selbstbefassung.

Öffentliche Anhörungen werden im Internet (www.bundestag.de) live übertragen; die Videos können auch in der Internet-Mediathek abgerufen werden. Daneben werden die Wortprotokolle der öffentlichen Anhörungen sowie die von Verbänden und Sachverständigen eingereichten schriftlichen Stellungnahmen auch auf den Internetseiten der Ausschüsse veröffentlicht.

Unter den ständigen Ausschüssen haben einige eine besondere Bedeutung, so zum Beispiel der Ausschuss für Wahlprüfung, Immunität und Geschäftsordnung, der auch 1. Ausschuss genannt wird. Während bei den meisten anderen Ausschüssen der Schwerpunkt ihrer Arbeit in der Gesetzgebung liegt, befasst sich dieser Ausschuss mit den inneren Angelegenheiten des Deutschen Bundestages. Dazu gehört insbesondere die Auslegung und Weiterentwicklung der Geschäftsordnung, die parlamentarische Behandlung von Strafverfahren gegen Abgeordnete (Immunitätsverfahren), die Überprüfung von Abgeordneten auf eine frühere Tätigkeit für den Staatssicherheitsdienst der ehemaligen DDR sowie – in Form des Wahlprüfungsausschusses – die Überprüfung der ordnungsgemäßen Durchführung von Bundestags- und Europawahlen.

Als **Geschäftsordnungsausschuss** befasst sich der 1. Ausschuss mit Zweifelsfragen bei der Anwendung einzelner Vorschriften der Geschäftsordnung. Mit sogenannten Auslegungsentscheidungen schafft er für den gesamten Bundestag verbindliche Konfliktlösungen für künftige Streitfälle. Ist er der Auffassung, dass die Geschäftsordnung in bestimmten Punkten geändert oder an neue Gegebenheiten angepasst werden muss, wie zum Beispiel an die erweiterten Kompetenzen des Deutschen Bundestages in Angelegenheiten der Europäischen Union, kann er auf Grund seines Initiativrechts (§ 128 GO-BT) dem Bundestag hierzu konkrete Vorschläge vorlegen, über die dieser zu entscheiden hat. Darüberhinaus berät der Geschäftsordnungsausschuss alle ihm vom Plenum überwiesenen Vorlagen, insbesondere Gesetzentwürfe, die die Rechtsstellung der Abgeordneten sowie den Status des Bundestages, seiner Organe und Gremien zum Gegenstand haben. So sind beispielsweise Änderungen des Abgeordnetengesetzes oder des Untersuchungsausschussgesetzes Aufgabe des 1. Ausschusses. Mitberatend wird er bei Gesetzentwürfen tätig, die seinen Zuständigkeitsbereich berühren, wie zum Beispiel bei Änderungen des Bundeswahlgesetzes.

Der zweite Arbeitsschwerpunkt des Ausschusses ist die parlamentarische Behandlung von Strafverfahren gegen Abgeordnete. Nach Art. 46 Abs. 2 GG darf ein Abgeordneter wegen einer mit Strafe bedrohten Handlung nur mit Genehmigung des Bundestages zur Verantwortung gezogen oder verhaftet werden, es sei denn, dass er bei Begehung der Tat oder im Laufe des folgenden Tages festgenommen wird. Dieser Schutz der Abgeordneten vor Strafverfolgung und Freiheitsbeschränkungen, die sogenannte Immunität, ist keine Privilegierung gegenüber allen anderen Bürgerinnen und Bürgern, die sich strafbar gemacht haben, sondern dient der Aufrechterhaltung der Funktionsfähigkeit des Bundestages als oberstes Gesetzgebungsorgan. Bei der Prüfung, ob die Immunität eines Abgeordneten aufgehoben werden soll, nimmt der Ausschuss keine Prüfung des Tat- oder Schuldvorwurfs vor. Dies überlässt er der Staatsanwaltschaft bzw. dem Gericht. Er überprüft lediglich, ob die Durchführung des Strafverfahrens auf sachwidrigen, zum Beispiel politisch motivierten, Gründen beruht.

Seit langem fasst der Bundestag in jeder Wahlperiode erneut einen Beschluss, mit dem er generell die Durchführung von Ermittlungsverfahren gegen Abgeordnete wegen Straftaten genehmigt, es sei denn, dass es sich um Beleidigungen politischen Charakters handelt. Die Staatsanwaltschaft hat den Bundestagspräsidenten lediglich vor Einleitung eines Ermittlungsverfahrens über ihre Absicht zu unterrichten. Der Bundestag kann dann allerdings im Einzelfall die Ermittlungen untersagen, wenn hierfür entsprechende Gründe vorliegen. Durchsuchungen, Anklageerhebungen oder Verhaftungen müssen jedoch stets ausdrücklich durch den Bundestag auf Vorschlag des 1. Ausschusses genehmigt werden. Diese Genehmigung wird – von politischen Beleidigungen abgesehen – in aller Regel erteilt.

Die Überprüfung der Wahlen zum Deutschen Bundestag ist nach Art. 41 GG Sache des Bundestages selbst. Dies gilt auch für die Prüfung der Wahl der deutschen Mitglieder des Europäischen Parlaments. Die Entscheidung des Bundestages wird durch den Wahlprüfungsausschuss vorbereitet. Dieser ist ein eigener Ausschuss, der mit dem 1. Ausschuss nur zum Teil personenidentisch ist; seine neun Mitglieder werden unmittelbar vom Bundestag gewählt. Der Ausschuss wird tätig auf Grund von Wahleinsprüchen, die jeder Wahlberechtigte innerhalb von zwei Monaten nach der Wahl einlegen und so die Vorbereitung und Durchführung der Wahl sowie die Stimmenauszählung auf ihre Rechtmäßigkeit überprüfen lassen kann. Aber auch ein vom Bundestag festgestellter Fehler bei der Durchführung der Wahl führt nicht zwangsläufig zu ihrer Ungültigkeit. Dies kommt nur dann in Betracht, wenn sich die beanstandeten Vorgänge auf die konkrete Mandatsverteilung im Bundestag ausgewirkt haben oder hätten auswirken können. Gegen die Entscheidung des Bundestages kann Beschwerde beim Bundesverfassungsgericht eingelegt werden.

Die Überprüfung der Abgeordneten auf eine frühere Tätigkeit oder politische Verantwortung für den Staatssicherheitsdienst der ehemaligen DDR ist in § 44c des Abgeordnetengesetzes geregelt. Danach besteht die Möglichkeit einer freiwilligen Überprüfung; bei entsprechenden Anhaltspunkten kann der 1. Ausschuss aber auch gegen den Willen des Betroffenen durch einen Beschluss mit Zwei-Drittel-Mehrheit ein Überprüfungsverfahren einleiten. Die Feststellung einer solchen Tätigkeit oder Verantwortung hat allerdings keine unmittelbaren rechtlichen Folgen, wie zum Beispiel den Verlust der Mitgliedschaft im Deutschen Bundestag, sondern sie wird als Bundestagsdrucksache veröffentlicht, damit jeder Wähler dies bei der nächsten Wahl in seine Überlegungen mit einbeziehen kann.

Auch dem 2. Ausschuss, dem **Petitionsausschuss**, ist durch Art. 45c GG und durch das Gesetz über die Befugnisse des Petitionsausschusses des Deutschen Bundestages (Gesetz nach Artikel 45c des Grundgesetzes) eine besondere Stellung eingeräumt.

Nach Art. 17 GG hat jedermann das Recht, Bitten und Beschwerden an den Bundestag zu senden. Unter „Bitten" werden vor allem Vorschläge zur Gesetzgebung (Erlass, Änderung oder Aufhebung eines Gesetzes) verstanden. „Beschwerden" richten sich im Allgemeinen gegen ein Handeln oder Unterlassen von Verwaltungsbehörden.

Der Petitionsausschuss berät die an den Bundestag gerichteten Bitten und Beschwerden und legt dazu Sammelübersichten mit Beschlussempfehlungen vor, die vom Bundestag in der Regel ohne Aussprache bestätigt werden. Auf Antrag einer Fraktion kann jedoch auch eine Plenardebatte über eine einzelne Petition stattfinden. So hat jeder Petent nicht nur Anspruch darauf, dass der Bundestag seine Eingabe überprüft und ihm die Art der Erledigung schriftlich mitteilt, sondern über das Petitionsrecht auch die Chance, dass sich das Plenum des Bundestages öffentlich mit seinem Anliegen befasst.

Dem Deutschen Bundestag gehen jährlich mehr als 15 000 Eingaben zu. Dabei wird zunehmend die Möglichkeit genutzt, Petitionen auf elektronischem Wege einzureichen (https://epetitionen.bundestag.de). Petitionen, die den Richtlinien für öffentliche Petitionen entsprechen, werden auf diesem Internetportal veröffentlicht und können dort diskutiert und durch elektronische Mitzeichnung unterstützt werden. Zudem werden Petitionen von besonderem Interesse nunmehr auch vom Ausschuss unter Beteiligung der Petenten in öffentlicher Sitzung beraten. Die Sitzung wird auf der Internetseite des Bundestages live übertragen.

Zur Prüfung der Eingaben kann der Petitionsausschuss nicht nur – wie alle anderen Ausschüsse – Mitglieder der Bundesregierung zu seinen Sitzungen herbeirufen und mündliche oder schriftliche Auskünfte von der Regierung einholen. Nach dem Gesetz nach Art. 45c GG kann der Petitionsausschuss außerdem von der Bundesregierung, den ihr nachgeordneten Behörden und den ihrer Aufsicht unterstehenden Körperschaften, Anstalten und Stiftungen des öffentlichen Rechts Auskunft, Vorlage von Akten und Zutritt zu den Einrichtungen verlangen, Petenten, Zeugen und Sachverständige anhören oder Amtshilfe durch Gerichte und Verwaltungsbehörden in Anspruch nehmen. Im Unterschied zu einem Untersuchungsausschuss kann der Petitionsausschuss aber keine Zeuginnen oder Zeugen vereidigen. Betrifft die Petition einen Gegenstand der Beratung in einem Fachausschuss, so holt der Petitionsausschuss eine Stellungnahme des betreffenden Fachausschusses ein.

Die Tätigkeit des Petitionsausschusses bietet nicht nur in vielen Fällen den Petenten Rat und Hilfe, sondern zeigt auch dem Bundestag, wo in Gesetzgebung und Verwaltung Fehler, Lücken oder Härten aufgetreten sind. Sie hat gelegentlich schon – ähnlich wie die Rechtsprechung der Gerichte – zu Gesetzesverbesserungen geführt.

Von der Pflicht des Petitionsausschusses zur Petitionsbehandlung gibt es jedoch Ausnahmen. So bleiben z. B. alle anonymen Eingaben unbearbeitet, ferner Eingaben, deren Behandlung in anhängige Gerichtsverfahren eingreifen könnte. Schließlich werden jährlich bis zu 10 Prozent der Eingaben an die Petitionsausschüsse der Landesparlamente oder an die europäischen Institutionen überwiesen, weil sie in deren Zuständigkeit fallen.

Zwei weitere Ausschüsse, deren Einsetzung das Grundgesetz vorschreibt, sind der Auswärtige Ausschuss und der Verteidigungsausschuss (Art. 45a GG).

Der **Auswärtige Ausschuss** gehört traditionell zu den größten Ausschüssen des Bundestages. Die Hauptaufgabe des Auswärtigen Ausschusses liegt nicht in der Beratung von Gesetzentwürfen, sondern in der parlamentarischen Kontrolle der Außenpolitik der Bundesregierung. So manche außenpolitische Debatte findet nicht in einer Plenarsitzung des Bundestages statt, sondern im Auswärtigen Ausschuss, wo die Öffentlichkeit nicht zugelassen ist und die Beratungen für vertraulich oder geheim erklärt und daher ohne Rücksicht auf internationale Reaktionen geführt werden können. Bei den wenigen Gesetzentwürfen, die dem Auswärtigen Ausschuss federführend überwiesen werden, handelt es sich meist um

Zustimmungsgesetze zu außenpolitisch bedeutsamen Verträgen mit anderen Staaten.

Daneben ist der Auswärtige Ausschuss federführend zuständig für die Vorbereitung von Beschlüssen des Bundestages über Auslandseinsätze der Bundeswehr. Mit seinem Urteil vom 12. Juli 1994, wonach Auslandseinsätze bewaffneter deutscher Streitkräfte zwar grundsätzlich verfassungsrechtlich zulässig sind, jeder Einsatz jedoch der – im Normalfall vorherigen – konstitutiven Zustimmung des Deutschen Bundestages bedürfe, hat das Bundesverfassungsgericht den besonderen Charakter der Bundeswehr als Parlamentsarmee betont und dem Deutschen Bundestag eine entscheidende Rolle bei Auslandseinsätzen deutscher Streitkräfte zugebilligt. Das Verfahren in diesen Fällen regelt das Parlamentsbeteiligungsgesetz. Danach muss die Bundesregierung vor einem Einsatz bewaffneter deutscher Streitkräfte im Ausland einen Antrag mit detaillierten und präzisen Angaben zu dem geplanten Einsatz an den Bundestag stellen. Gleiches gilt grundsätzlich auch für einen Antrag auf Verlängerung eines Einsatzes, der rechtzeitig vor Ablauf eines bestehenden Mandates zu stellen ist. Nach dem Abschluss der Beratungen, an denen neben dem federführenden Auswärtigen Ausschuss vor allem der Verteidigungsausschuss stets mitberatend beteiligt ist, kann das Parlament den Antrag der Bundesregierung entweder im Ganzen annehmen oder ablehnen, ändern kann es ihn jedoch nicht.

Auch der **Verteidigungsausschuss** ist nicht in erster Linie ein Gesetzgebungsausschuss; er ist vielmehr im Zusammenhang mit dem Aufbau der Bundeswehr durch Art. 45a GG – ebenso wie der Wehrbeauftragte des Bundestages durch Art. 45b GG – in das Grundgesetz eingefügt worden, um eine wirksame parlamentarische Kontrolle der Streitkräfte zu gewährleisten. Deshalb gibt Artikel 45a Abs. 2 GG dem Verteidigungsausschuss das Recht, sich jederzeit selbst als Untersuchungsausschuss zu konstituieren. Schon ein Viertel seiner Mitglieder (in der 18. Wahlperiode: alle Ausschussmitglieder der Fraktionen, die nicht die Bundesregierung tragen) kann/können verlangen, dass der Verteidigungsausschuss eine bestimmte Angelegenheit zum Gegenstand seiner Untersuchung macht.

Für Angelegenheiten der Verteidigung kann der Bundestag deshalb auch keinen anderen Untersuchungsausschuss einsetzen, sondern nur den Verteidigungsausschuss beauftragen, sich mit einer Angelegenheit als Untersuchungsausschuss zu befassen. Der Verteidigungsausschuss hat dann die gleichen Rechte wie ein vom Bundestag gemäß Art. 44 GG eingesetzter Untersuchungsausschuss, d. h. er kann Zeugen vorladen sowie vereidigen und die Vorlage von Akten verlangen. Gerichte und Verwaltungsbehörden sind zur Rechts- und Amtshilfe verpflichtet. Grundsätzlich soll ein Untersuchungsausschuss die erforderlichen Beweise in öffentlicher Verhandlung erheben; beim Verteidigungsausschuss jedoch muss aus Sicherheitsgründen häufig unter Ausschluss der Öffentlichkeit verhandelt werden, da sowohl vorzulegende Akten als auch Zeugenaussagen geheimhaltungsbedürftige Fragen betreffen können. Der Verteidigungsausschuss hat sich zuletzt am 26. Juni 2013 als Untersuchungsausschuss konstituiert. Er hatte den Auftrag, bis zum 31. August 2013 den Umgang der Bundesregierung mit dem Entwicklungsvorhaben EURO HAWK unter vertraglichen, rechtlichen, haushälterischen, militärischen, technologischen und politischen Gesichtspunkten zu untersuchen sowie die Aufklärungs- und Informationspraxis der Bundesregierung zu diesem Vorgang zu überprüfen.

Der Auswärtige Ausschuss, der Verteidigungsausschuss und der Innenausschuss (Beratung von Angelegenheiten der inneren Sicherheit) sind die sog. geschlossenen Ausschüsse. Bei diesen Ausschüssen ist die Teilnahme auf die ordentlichen Mitglieder und die namentlich benannten Stellvertreter und Stellvertreterinnen beschränkt, d. h. andere Abgeordnete können im Unterschied zu den sonstigen Ausschüssen an den Sitzungen dieser Ausschüsse nicht als Zuhörer teilnehmen.

Eine herausgehobene Bedeutung hat auch der **Ausschuss für die Angelegenheiten der Europäischen Union**. Im Zusammenhang mit der Ratifizierung des Vertrages von Maastricht Ende 1992 wurde seine Einsetzung in Art. 45 GG festgeschrieben. Ihm gehören neben derzeit 34 Mitgliedern des Deutschen Bundestages auch 15 deutsche Mitglieder des Europäischen Parlaments als mitwirkungsberechtigte Mitglieder an. Diese sind zwar nicht stimmberechtigt, beteiligen sich aber an den Beratungen und sichern so die enge Zusammenarbeit zwischen den parlamentarischen Gremien der nationalen und der europäischen Ebene. Der EU-Ausschuss ist in seiner Funktion als Integrationsausschuss zuständig für alle Grundsatzfragen der europäischen Integration. Dazu gehören institutionelle Reformen der Europäischen Union, ihre Erweiterung sowie die Zusammenarbeit mit dem Europäischen Parlament und den nationalen Parlamenten der anderen Mitgliedstaaten. Zudem befasst er sich als Querschnittsausschuss insbesondere mit den europäischen Vorhaben, die mehrere verschiedene Politikfelder betreffen. Zu den besonderen Befugnissen des EU-Ausschusses gehört, dass er – auf Grund einer entsprechenden Ermächtigung im Einzelfalle durch das Plenum – die Rechte des Bundestages gegenüber der Bundesregierung nach Art. 23 GG wahrnehmen kann. Es handelt sich dabei um Stellungnahmen zu Rechtsetzungsvorhaben der Europäischen Union, über die die Bundesregierung im Europäischen Rat mit zu beschließen hat, deren Standpunkt jedoch zuvor mit dem Bundestag abzustimmen ist.

Nicht zuletzt ist bei den Ausschüssen mit besonderer Stellung der **Haushaltsausschuss** zu erwähnen. Er gilt als der mächtigste Ausschuss, da er mit allen Angelegenheiten der Gestaltung und Kontrolle des Bundeshaushalts befasst ist und faktisch über die Bewilligung von Haushaltsmitteln entscheidet. Wegen der besonderen Bedeutung des Haushalts besteht übrigens der Brauch – der nicht in der Geschäftsordnung geregelt ist, aber eingehalten wird –, dass immer ein Mitglied der größten Oppositionsfraktion den Vorsitz im Haushaltsausschuss übernimmt. Damit wird die Bedeutung der parlamentarischen Kontrolle gegenüber der Regierung unterstrichen.

Hauptaufgabe des Haushaltsausschusses ist die federführende Beratung des von der Bundesregierung jährlich vorzulegenden Entwurfs des Bundeshaushalts. Auch alle anderen Haushaltsvorlagen wie Ergänzungsvorlagen und Vorlagen zur Änderung des Haushaltsgesetzes und des Haushaltsplans (Nachtragshaushaltsvorlagen) werden ihm zur Beratung überwiesen. Dazu werden im Ausschuss für die gesamte Wahlperiode für jeden Einzelplan des Bundeshaushalts Berichterstatter und Berichterstatterinnen bestimmt. Das hat zur Folge, dass die Berichterstatter sich intensiv und dauerhaft in die Vorhaben, finanziellen Planungen und Programme „ihres" Ministeriums einarbeiten können. Die Berichterstatter werden so zu Ansprechpartnern und intimen Kennern ihres Bereichs in einem Maße, das von anderen Abgeordneten kaum erreichbar ist.

Der Haushaltsausschuss hat darüber hinaus ein Prüfungs- und Mitspracherecht bei allen Gesetzen, die mit erheblichen finanziellen Auswirkungen verbunden sind (Finanzvorlagen). Hat die Vorlage Auswirkungen auf den Haushalt, erhöht sie also beispielsweise den Betrag der vorgesehenen Ausgaben oder verringert sie den Betrag der vorgesehenen Einnahmen, so prüft der Haushaltsausschuss, ob die vorgesehene Maßnahme mit der Haushaltslage vereinbar ist. Sollte er dies verneinen und hierin vom Bundestag bestätigt werden, könnte der Gesetzentwurf nicht weiter beraten werden. Diese Prüfung durch den Haushaltsausschuss soll möglichst verhindern, dass die Bundesregierung von ihren Rechten nach Art. 113 GG Gebrauch macht. Auf Grund dieser Bestimmung kann die Bundesregierung das Inkrafttreten eines Ausgaben erhöhenden oder Einnahmen mindernden Gesetzes verhindern oder zunächst einmal die erneute Beratung eines solchen Gesetzes verlangen, weil sie es finanziell nicht für vertretbar hält. Tatsächlich hat die Bundesregierung von diesen Möglichkeiten jedoch noch nie Gebrauch gemacht. In der Praxis wird die Frage, wie Mehrausgaben oder Mindereinnahmen gedeckt werden können, bei der Beratung des betreffenden Gesetzes im Haushaltsausschuss zwischen den Abgeordneten und Vertretern des Finanzministeriums geklärt.

Daneben nimmt der Haushaltsausschuss Einfluss auf die konkrete Verwendung von Haushaltsmitteln. Im Haushaltsgesetz werden ihm regelmäßig durch sogenannte qualifizierte Sperrvermerke bestimmte Entscheidungen bei der Ausführung des Bundeshaushalts vorbehalten: er entscheidet dann auf Antrag des Bundesfinanzministers darüber, ob bestimmte im Haushaltsplan bewilligte Mittel im laufenden Haushaltsjahr tatsächlich ausgegeben werden dürfen.

Wichtige neue Aufgaben sind dem Haushaltsausschuss in der 17. Wahlperiode im Zusammenhang mit der Bewältigung der Krise in der Eurozone zugewachsen. Vor dem Hintergrund einer drohenden Zahlungsunfähigkeit ganzer Staaten mit unübersehbaren Folgen für das gesamte internationale Bankensystem wurden zusammen mit den Partnern der Eurozone vielfältige Hilfsprogramme ins Leben gerufen, die allerdings an strenge Bedingungen zur Haushaltskonsolidierung und Steigerung der Wirtschaftsleistung gekoppelt sind und deren Einhaltung von der so genannten Troika aus EU-Kommission, Internationalem Währungsfonds und Europäischer Zentralbank überwacht wird. Am Ende dieses Prozesses stehen der sogenannte Fiskalpakt und der Europäische Stabilisierungsmechanismus ESM. Dieser wurde als internationale Finanzinstitution eingerichtet, die ESM-Mitgliedern mit schwerwiegenden Finanzierungsproblemen unter engen Voraussetzungen und strengen Auflagen Stabilitätshilfe gewähren kann. Der Haushaltsausschuss ist bei Angelegenheiten des ESM und bei Auszahlungen von Hilfsgeldern einzubeziehen (s. dazu im Einzelnen unten S. 84 ff.).

Zur Entflechtung seiner Arbeit hat der Haushaltsausschuss zwei Unterausschüsse eingesetzt:

Der Rechnungsprüfungsausschuss kontrolliert den Vollzug der vom Haushaltsausschuss bewilligten Ausgaben, prüft die Haushalts- und Wirtschaftsführung des Bundes und bereitet die Entlastung der Bundesregierung durch das Plenum des Deutschen Bundestages auf der Grundlage der Bemerkungen des Bundesrechnungshofes vor. Die Kontrollergebnisse fließen wiederum kontinuierlich in den Prozess der Haushaltsplanung und Haushaltsgesetzgebung ein. Auf diese Weise ergibt sich ein Kreislauf aus nachträglicher Überprüfung, begleitender Kontrolle und planender Mitwirkung durch das Parlament, bei dem die Erkenntnisse aus dem einen Bereich dem jeweils anderen zugute kommen.

Der Unterausschuss zu Fragen der Europäischen Union ist mit der Vorberatung der dem Haushaltsauschuss überwiesenen EU-Vorlagen befasst.

Darüber hinaus sind dem Haushaltsausschuss vier weitere Gremien mit besonderen Aufgaben zugeordnet, die sich allesamt aus Mitgliedern des Haushaltsausschusses zusammensetzen:

Dem Vertrauensgremium gemäß § 10a Abs. 2 der Bundeshaushaltsordnung obliegt die Beratung und Beschlussfassung über die Wirtschaftspläne der Nachrichtendienste.

Das Gremium zu Fragen der Kreditfinanzierung des Bundes gemäß § 3 des Bundesschuldenwesengesetzes (Bundesfinanzierungsgremium) befasst sich regelmäßig mit allen Fragen des Schuldenmanagements des Bundes sowie der Beteiligungen des Bundes an privatrechtlichen Unternehmen.

Das parlamentarische Gremium nach § 10a des Finanzmarktstabilisierungsfondsgesetzes und § 16 des Restrukturierungsfondsgesetzes (Finanzmarktgremium) befasst sich mit dem 480 Mrd. Euro schweren Finanzmarktstabilisierungsfonds, über den die in Folge der Finanzkrise notwendig gewordenen Maßnahmen zur Rettung inländischer Finanzinstitutionen finanziert wurden, und dem Restrukturierungsfonds, der vorbeugend das Finanzsystem stabilisieren soll und die Bankenabgabe erhebt. Das Gremium berät alle Angelegenheiten, die diese Fonds betreffen, und beschäftigt sich mit den langfristigen Entwicklungen der Finanzmarktpolitik.

Das Sondergremium nach § 3 Abs. 3 des Stabilisierungsmechanismusgesetzes und § 6 Abs. 2 des ESM-Finanzierungsgesetzes nimmt die Beteiligungsrechte des Bundestages wahr, wenn nach Art. 18 des Vertrages zur Einrichtung des Europäischen Stabilitätsmechanismus (ESM) Aufkäufe von Staatsanleihen eines Euro-Mitgliedstaates auf dem Sekundärmarkt geplant sind und die Bundesregierung die besondere Vertraulichkeit dieser Maßnahme geltend macht.

Insgesamt ist der Bundestag durch seinen Haushaltsausschuss kontinuierlich in das gesamte Finanzgebaren des Bundes eingeschaltet, politisch freilich auch bis zu einem gewissen Grade aktiv beteiligt. Auch deshalb stellen die Haushaltsdebatten im Bundestag regelmäßig einen der Höhepunkte des parlamentarischen Jahres dar. Traditionell wird dabei nicht nur um einzelne Positionen gestritten, sondern das gesamte Regierungsprogramm anhand der dafür aufzuwendenden Gelder zum Gegenstand der Auseinandersetzungen zwischen Regierung und Opposition gemacht. Besonders der Einzelplan des Bundeskanzlers bzw. der Bundeskanzlerin gibt Anlass zur Generalaussprache über dessen politische Grundlinien, und die Haushalte wichtiger Ressorts – z.B. Arbeit und Soziales, Verteidigung, Auswärtiges Amt u.a. – bilden Anknüpfungspunkte für die kritische öffentliche Durchleuchtung der Regierungspolitik.

Mit dem zunehmenden Einfluss technischer Entwicklungen auf alle Lebensumstände des Menschen und seine Umwelt ist auch dem Bundestag in stärkerem Maße technologiepolitische Verantwortung zugewachsen. Um dieser Herausforderung gerecht zu werden, unterhält er seit 1990 ein neues Instrument der Wissensbeschaffung und Entscheidungsvorbereitung. Er hat den **Ausschuss für Bildung, Forschung und Technikfolgenabschätzung** mit der Initiierung und politischen Steuerung von Technikfolgenanalysen beauftragt. Diese wissenschaftlichen Analysen werden vom Büro für Technikfolgenabschätzung beim Deutschen Bundestag (TAB) durchgeführt. Mit dem Betrieb des TAB hat der Ausschuss erstmalig 1990 das Forschungszentrum Karlsruhe, das heutige Karlsruher Institut für Technologie, beauftragt, das in der aktuellen Vertragslaufzeit auf der Basis von Kooperationsverträgen durch das Helmholtz-Zentrum für Umweltforschung Leipzig, das Institut für Zukunftsstudien und Technologiebewertung und die VDI/VDE Innovation und Technik GmbH unterstützt wird. Auftraggeber und Steuerungsinstanz ist der Ausschuss, der die von Seiten der Fachausschüsse und der Fraktionen des Bundestages initiierten Anträge auf Durchführung von Technikanalysen sichtet, bündelt und das TAB nach Maßgabe der politischen Relevanz mit der Bearbeitung beauftragt. Die inhaltliche Ausrichtung der TAB-Analysen orientiert sich am Beratungsbedarf des Deutschen Bundestages. Entsprechend weit ist das Themenspektrum, das von „Konzepten der Elektromobilität" über „Fernerkundung: Anwendungspotenziale in Afrika" und „Inwertsetzung von Biodiversität" bis hin zu den „Chancen und Kriterien eines Nachhaltigkeitssiegels für Verbraucher" reicht. Die Arbeitsergebnisse sind grundsätzlich öffentlich. Das TAB informiert zusätzlich im Internet unter www.tab-beim-bundestag.de über seine Arbeit.

► Untersuchungsausschüsse und weitere Gremien

Außer den ständigen Ausschüssen kann – oder muss – der Bundestag eine Reihe anderer Ausschüsse, Kommissionen und Gremien bilden, die sich nach Zusammensetzung, Aufgabe und Arbeitsweise von den ständigen Ausschüssen deutlich unterscheiden.

Nach Art. 44 GG kann der Bundestag zur Untersuchung bestimmter Vorfälle einen Untersuchungsausschuss einsetzen; auf Antrag eines Viertels seiner Mitglieder (in der 18. Wahlperiode: auf Antrag von 120 seiner Mitglieder) ist er hierzu verpflichtet. Dies ist ein besonders wichtiges Minderheitsrecht, das vor allem von der Opposition zur Prüfung behaupteter Missstände in Regierung und Verwaltung bzw. behaupteten Fehlverhaltens von Politikerinnen und Politikern genutzt wird.

Die Rechte und das Verfahren des Untersuchungsausschusses sind im Untersuchungsausschussgesetz geregelt.

Die Antragsteller haben in ihrem Antrag das Beweisthema konkret und präzise zu beschreiben. Im Einsetzungsbeschluss bestimmt der Bundestag auch die Zahl der Ausschussmitglieder. Auf die Beweiserhebungen finden die Vorschriften über den Strafprozess sinngemäß Anwendung. Gerichte und Verwaltungsbehörden sind zur Rechts- und Amtshilfe verpflichtet. Als Beweismittel dienen insbesondere die Vernehmung von Zeugen und Sachverständigen sowie die Beiziehung von Akten. Es besteht außerdem die Möglichkeit, einen Ermittlungsbeauftragten zu berufen; der Untersuchungsausschuss hat dazu jederzeit das Recht und auf Antrag eines Viertels seiner Mitglieder die Pflicht. Untersuchungsausschüsse müssen grundsätzlich in öffentlicher Verhandlung die erforderlichen Beweise erheben, z. B. Zeugen vernehmen.

Das Ergebnis fasst der Untersuchungsausschuss in einem Bericht an das Plenum zusammen. Wenn die Bewertung der Untersuchung zwischen Koalition und Opposition, wie meist, umstritten ist, enthält der Bericht ein Mehrheits- und ein Minderheitsvotum.

In der 18. Wahlperiode hat der Bundestag zwei Untersuchungsausschüsse eingesetzt:

Der im März 2014 auf gemeinsamen Antrag aller vier Fraktionen einstimmig eingesetzte Untersuchungsausschuss zur sogenannten NSA-Affäre soll aufklären, ob, in welcher Weise und in welchem Umfang Nachrichtendienste der USA, Großbritanniens, Kanadas, Australiens und Neuseelands Daten über Kommunikationsvorgänge von, nach und in Deutschland erfasst haben. Geklärt werden soll auch, ob und inwieweit Daten über Kommunikationsvorgänge und deren Inhalte von Mitgliedern der Bundesregierung, Bediensteten des Bundes, Mitgliedern des Bundestages oder anderer Verfassungsorgane durch Nachrichtendienste dieser Staaten erfasst oder ausgewertet wurden. Zugleich soll das Gremium Schlussfolgerungen zur Sicherstellung des verfassungsrechtlich gewährleisteten Schutzes der Vertraulichkeit der elektronischen Kommunikation ziehen.

Der zweite Untersuchungsausschuss hat die Aufgabe, bezüglich der aus kanadischen Ermittlungen stammenden Daten im Zusammenhang mit dem Erwerb und/oder Besitz von Kinder- und Jugendpornographie die Dauer des entsprechenden Verfahrens in Deutschland, damit zusammenhängende Vorgänge in Bezug auf das ehemalige Mitglied des Deutschen Bundestages Sebastian Edathy und die Behandlung des Falles eines Beamten des Bundeskriminalamts, dessen Namen sich unter den übermittelten Daten befand, zu untersuchen.

Von den Untersuchungsausschüssen sind die Enquete-Kommissionen zu unterscheiden, die der Deutsche Bundestag zur Vorbereitung von gesetzgeberischen Entscheidungen über umfangreiche und bedeutsame Sachkomplexe einsetzen kann bzw. auf Antrag eines Viertels seiner Mitglieder (in der 18. Wahlperiode: auf Antrag von 120 seiner Mitglieder) einsetzen muss. Enquete-Kommissionen setzen sich aus Mitgliedern des Bundestages und externen Sachverständigen, die die gleichen Rechte wie die Abgeordneten haben, zusammen. Sie legen dem Bundestag bis spätestens zum Ende der Wahlperiode einen Bericht vor, der allerdings nicht wie bei den ständigen Ausschüssen mit einer konkreten Beschlussempfehlung an den Bundestag verbunden ist. Vielmehr müssen Empfehlungen einer Enquete-Kommission aus der Mitte des Bundestages oder von der Bundesregierung aufgegriffen und als Gesetzentwurf oder Antrag eingebracht werden, wenn der Bundestag dazu etwas beschließen soll.

Beispielhaft seien hier die Enquete-Kommissionen erwähnt, die der Deutsche Bundestag in der vorausgegangenen 17. Wahlperiode eingesetzt hatte:

Die Enquete-Kommission „Internet und digitale Gesellschaft" hatte den Auftrag, die Auswirkungen des Internets auf die Gesellschaft zu untersuchen und politische Handlungsempfehlungen zur weiteren Verbesserung der Rahmenbedingungen der Informationsgesellschaft in Deutschland zu erarbeiten.

Die Enquete-Kommission „Wachstum, Wohlstand, Lebensqualität – Wege zu nachhaltigem Wirtschaften und gesellschaftlichem Fortschritt in der Sozialen Marktwirtschaft" sollte den Stellenwert von Wachstum in Wirtschaft und Gesellschaft untersuchen und prüfen, wie die Einflussfaktoren von Lebensqualität und gesellschaftlichem Fortschritt angemessen berücksichtigt werden können. Das rein ökonomisch und quantitativ ausgerichtete Bruttoinlandsprodukt als Messgröße für gesellschaftliches Wohlergehen sollte weiterentwickelt und etwa um ökologische, soziale und kulturelle Kriterien ergänzt werden.

Ein parlamentarisches Gremium besonderer Art ist der Parlamentarische Beirat für nachhaltige Entwicklung. Seine Aufgabe ist die parlamentarische Begleitung der Nationalen Nachhaltigkeitsstrategie der Bundesregierung sowie der Nachhaltigkeitspolitik der Bundesregierung auf europäischer Ebene und auf Ebene der Vereinten Nationen. Der Parlamentarische Beirat begleitet u.a. Beratungen in anderen Gremien des Deutschen Bundestages, die eine nachhaltige Entwicklung betreffen, indem dem jeweils federführenden Ausschuss gutachtliche Stellungnahmen und Empfehlungen zur Beratung vorgelegt werden. Das Gremium, dem in der 18. Wahlperiode 17 Mitglieder angehören, legt dem Bundestag regelmäßig einen Bericht über seine Arbeit vor.

Für die Kontrolle der Nachrichtendienste des Bundes (Bundesnachrichtendienst, Bundesamt für Verfassungsschutz, Militärischer Abschirmdienst) ist nach Art. 45d GG und dem Gesetz über die Parlamentarische Kontrolle nachrichtendienstlicher Tätigkeit des Bundes das Parlamentarische Kontrollgremium (PKGr) zuständig. Seine Mitglieder werden zu Beginn der Wahlperiode vom Bundestag mit den Stimmen der Mehrheit seiner Mitglieder gewählt. Die Bundesregierung hat die Pflicht, das Gremium umfassend über die allgemeine Tätigkeit der Nachrichtendienste des Bundes und über Vorgänge von besonderer Bedeutung zu unterrichten. Auf Verlangen hat sie auch über sonstige Vorgänge zu berichten. Das Gremium kann unter anderem Akten und Dateien der Nachrichtendienste einsehen sowie deren Mitarbeiter befragen und hat Zutritt zu allen Dienststellen der Nachrichtendienste. Die Bundesregierung kann eine Unterrichtung nur verweigern, wenn dies aus zwingenden Gründen des Nachrichtenzugangs oder aus Gründen des Schutzes von Persönlichkeitsrechten Dritter notwendig oder der Kernbereich der exekutiven Eigenverantwortung betroffen ist. In diesem Fall hat sie dies dem Parlamentarischen Kontrollgremium gegenüber zu begründen. Zur Wahrnehmung seiner Kontrollaufgaben kann das Gremium im Einzelfall auch einen Sachverständigen mit der Durchführung von Untersuchungen beauftragen. Das Parlamentarische Kontrollgremium erstattet dem Bundestag in der Mitte und am Ende jeder Wahlperiode Bericht. Es übt seine Tätigkeit auch nach Ende der Wahlperiode aus, bis der neu gewählte Bundestag wieder ein Parlamentarisches Kontrollgremium eingesetzt hat.

Neben der Kontrolle der Nachrichtendienste obliegen dem Parlamentarischen Kontrollgremium auch Kontrollaufgaben auf Grund des Gesetzes zur Beschränkung des Brief-, Post- und Fernmeldegeheimnisses (Artikel 10-Gesetz – G 10). So bestellt es nach Anhörung der Bundesregierung für die Dauer einer Wahlperiode die „G 10-Kommission", deren Mitglieder nicht Mitglieder des Bundestages sein müssen. Beide Gremien tagen geheim.

Die Nachrichtendienste dürfen von dem Mittel der Post- und Kommunikationskontrolle nur unter den Voraussetzungen, die im Artikel 10-Gesetz aufgeführt sind, Gebrauch machen. Jede Maßnahme bedarf grundsätzlich der vorherigen Zustimmung der G 10-Kommission. Diese entscheidet monatlich als unabhängiges und an keine Weisungen gebundenes Organ über die Zulässigkeit und Notwendigkeit der Beschränkungsmaßnahmen. Bei bestimmten Überwachungsmaßnahmen ist die Zustimmung des Parlamentarischen Kontrollgremiums selbst notwendig. Die Bundesregierung muss das Parlamentarische Kontrollgremium halbjährlich über alle Beschränkungsmaßnahmen unterrichten. Dieses berichtet dann jährlich dem Bundestag.

Der G 10-Kommission kommen darüber hinaus Entscheidungskompetenzen für Befugnisse der Nachrichtendienste (z. B. Auskunft über Telekommunikationsverbindungsdaten) zu, die diesen durch das Terrorismusbekämpfungsgesetz (2002), das Terrorismusbekämpfungsergänzungsgesetz (2007) und das Gesetz zur Änderung des Bundesverfassungsschutzgesetzes (2011) befristet bis zum 9. Januar 2016 eingeräumt worden sind. Auch über diese Maßnahmen ist das Parlamentarische Kontrollgremium in Abständen von höchstens sechs Monaten zu unterrichten.

Eine gleichartige Problematik wie bei den Nachrichtendiensten ergibt sich aus der Befugnis des Zollkriminalamts, zur Verhütung von Straftaten nach dem Außenwirtschaftsgesetz oder dem Kriegswaffenkontrollgesetz das Brief-, Post- und Fernmeldegeheimnis – wenn auch durch Anordnung eines Landgerichts – in Einzelfällen aufheben zu können. Um auch hier die parlamentarische Kontrolle sicherzustellen, ist nach § 23c Abs. 8 Zollfahndungsdienstgesetz ein Gremium aus neun Mitgliedern des Bundestages zu bestellen, dem der Bundesminister der Finanzen in Abständen von höchstens sechs Monaten über Eingriffe in das Grundrecht nach Art. 10 GG zu berichten hat.

Zur Bekämpfung der Organisierten Kriminalität wurde durch eine Änderung des Art. 13 GG der Einsatz technischer Mittel zur akustischen Überwachung von Wohnungen zum Zwecke der Strafverfolgung ermöglicht. Die Intensität des Grundrechtseingriffs gebietet eine parlamentarische Kontrolle, die durch das aus neun Mitgliedern des Bundestages bestehende Gremium nach Art. 13 Absatz 6 Grundgesetz auf der Grundlage des von der Bundesregierung jährlich vorzulegenden Berichts über den Einsatz technischer Überwachungsmittel erfolgt.

Art. 94 GG schreibt vor, dass die 16 Richter des Bundesverfassungsgerichts je zur Hälfte von Bundestag und Bundesrat gewählt werden. Die vom Bundestag zu berufenden Richter werden auf Vorschlag des Wahlausschusses mit verdeckten Stimmkarten gewählt. Zum Richter ist gewählt, wer eine Zweidrittelmehrheit der abgegebenen Stimmen, mindestens die Mehrheit der Stimmen der Mitglieder des Bundestages auf sich vereinigt. Der zur Vorbereitung dieser Wahl eingesetzte Wahlausschuss besteht aus zwölf Abgeordneten; für einen Wahlvorschlag sind mindestens acht Stimmen seiner Mitglieder erforderlich.

Zur Wahl eines Bundesverfassungsrichters ist die Zweidrittelmehrheit des Wahlausschusses – also mindestens acht Stimmen – erforderlich. Eine solche Zweidrittelmehrheit ist in aller Regel nur zu erreichen, wenn auch die Opposition die Kandidaten mitwählt. Die anderen acht Richter des Bundesverfassungsgerichts werden vom Plenum des Bundesrates, ebenfalls mit Zweidrittelmehrheit, gewählt.

▶ Der Wehrbeauftragte des Bundestages

Gemäß Art. 45b GG wird zum Schutz der Grundrechte und als Hilfsorgan des Bundestages bei der Ausübung der parlamentarischen Kontrolle über die Bundeswehr ein Wehrbeauftragter berufen. Sein Auftrag ist insbesondere, möglichen Grundrechtsverletzungen bei den Soldatinnen und Soldaten oder Verletzungen der Grundsätze der Inneren Führung nachzugehen und dem Parlament über den inneren Zustand der Bundeswehr zu berichten. Seine Berufung und seine rechtliche Stellung sind durch das Wehrbeauftragtengesetz geregelt. Der Wehrbeauftragte, der selbst kein Mitglied des Bundestages ist, wird in geheimer Wahl auf die Dauer von fünf Jahren gewählt. Seine Wahl bedarf der Mehrheit der Mitglieder des Bundestages, derzeit also mindestens 316 Stimmen.

Der Wehrbeauftragte wird selbstständig tätig, wenn ihm Umstände bekannt werden, die auf eine Verletzung der Grundrechte der Soldaten oder Soldatinnen oder der Grundsätze der inneren Führung schließen lassen. Er wird ferner zur Prüfung bestimmter Vorgänge nach Weisung des Bundestages oder des Verteidigungsausschusses tätig. Er hat das Recht, jederzeit unangemeldet Truppenbesuche durchzuführen und bei dieser Gelegenheit Auskunft von den Vorgesetzten zu verlangen und in Abwesenheit der Vorgesetzten Gespräche mit Soldaten zu führen. Jede Soldatin und jeder Soldat hat die Möglichkeit, sich direkt an den Wehrbeauftragten zu wenden. Der Wehrbeauftragte ist damit der „Ombudsmann" der Angehörigen der Streitkräfte, eine zusätzliche Petitionsinstanz neben dem Petitionsausschuss des Bundestages nach Art. 17, 45c GG.

Der Wehrbeauftragte erstattet dem Bundestag jährlich Bericht über seine Tätigkeit. Er kann außerdem Einzelberichte erstatten. Seine Berichte überweist der Bundestagspräsident dem Verteidigungsausschuss zur Beratung; dieser wiederum erstattet dem Bundestagsplenum Bericht. Der Bericht des Wehrbeauftragten wird regelmäßig auch im Bundestag debattiert. Entsprechend einer langjährigen Übung erteilt dabei der Präsident dem Wehrbeauftragten das Wort, wenn es von einer Fraktion oder von anwesenden 5 vom Hundert der Abgeordneten, derzeit also mindestens 32 Abgeordneten, verlangt worden ist.

Plenarsitzungen des Bundestages

Eine Sitzungswoche des Bundestages läuft im Allgemeinen nach folgendem Schema ab: Am Montagnachmittag tagen die Fraktionsvorstände sowie einige wichtige Untergremien der Fraktionen, am Montagabend die meisten Landesgruppen der Fraktionen. Der Dienstagvormittag ist den Arbeitskreisen und Arbeitsgruppen der Fraktionen und der Dienstagnachmittag den Vollversammlungen der Fraktionen vorbehalten. Am Mittwochmorgen tagen regelmäßig die Ausschüsse und das Präsidium; ab 13.00 Uhr findet im Plenum zunächst die Befragung der Bundesregierung und danach die Fragestunde statt. Am Donnerstag tagt der Bundestag von 9.00 Uhr morgens bis zum späten Abend; um 14.00 Uhr kommt der Ältestenrat zusammen. Am Freitag findet ebenfalls eine Plenarsitzung von 9.00 Uhr bis regelmäßig zum frühen Nachmittag statt. Von dieser Einteilung wird allerdings gelegentlich abgewichen, z.B. bei den Haushaltsberatungen, die meist 4 Plenarsitzungstage in Anspruch nehmen.

Fragen an die Bundesregierung

Mit der Befragung der Bundesregierung haben die Mitglieder des Bundestages die Möglichkeit, sich über die wöchentlichen Beratungen des Bundeskabinetts im unmittelbaren Anschluss an dessen Sitzung zu unterrichten. In der Praxis konzentriert sich die Regierungsbefragung größtenteils auf ein Thema der Kabinettsitzung, das die Bundesregierung dem Bundestag zuvor mitgeteilt hat. Vor Beginn der regelmäßig 30 Minuten dauernden Befragung erhält ein Mitglied der Bundesregierung bis zu 5 Minuten das Wort. Die sich anschließenden Fragen der Abgeordneten können durch Bemerkungen eingeleitet werden; sie müssen kurz gefasst sein und kurze Antworten ermöglichen. Die Abgeordneten können jedoch nicht nur Auskunft zu den Themen der vorausgegangenen Kabinettsitzung erhalten, sondern auch Fragen von aktuellem Interesse im Rahmen der Verantwortlichkeit der Bundesregierung stellen.

Im Anschluss an die Regierungsbefragung findet die zweistündige Fragestunde statt. Jeder Abgeordnete kann für die Fragestunde in jeder Sitzungswoche bis zu zwei Fragen zur mündlichen Beantwortung an die Bundesregierung richten. Die Fragen müssen kurz gefasst sein und eine kurze Beantwortung ermöglichen. Sie dürfen keine unsachlichen Feststellungen oder Wertungen enthalten. Jede Frage darf in zwei Unterfragen unterteilt sein. Die Fragen müssen sich auf Bereiche beziehen, für die die Bundesregierung unmittelbar oder mittelbar verantwortlich ist. Die Fragen müssen beim Bundestagspräsidenten spätestens bis Freitag, 10.00 Uhr, vor der Sitzungswoche, in der sie beantwortet werden sollen, eingereicht werden. Diese Fristsetzung soll es ermöglichen, die Fragen noch am Freitag bis 12 Uhr der Bundesregierung zuzuleiten. Damit ist dem jeweils zuständigen Ministerium eine Frist von knapp drei Tagen für die zur Beantwortung notwendigen Recherchen gegeben, die oft nicht nur im eigenen Hause, sondern auch bei anderen Ministerien, bei nachgeordneten Bundesbehörden und auch bei Landesregierungen notwendig sind. Beantwortet werden die Fragen meist von Parlamentarischen Staatssekretären oder Staatsministern der Bundesministerien, mitunter aber auch von den Ministern selbst.

In der Fragestunde ruft der Präsident die Frage und den Namen des Fragestellers auf. Ist dieser nicht anwesend, wird seine Frage schriftlich beantwortet, sofern er bis zum Aufruf seiner Frage beim Präsidenten darum gebeten hat. Andernfalls beantwortet die Bundesregierung die Frage nicht. Fragesteller können allerdings ihre Frage auch zurückziehen und sie für die nächste Sitzungswoche erneut einbringen, falls sie zur Zeit des voraussichtlichen Aufrufes im Plenum nicht anwesend sein können. Fragen, die während der Fragestunde aus Zeitmangel nicht mehr aufgerufen werden, beantwortet die Bundesregierung schriftlich; die Antwort geht gleichzeitig dem Parlamentssekretariat zu, das für die Aufnahme der Antwort in den Anhang zum Plenarprotokoll sorgt.

Die bis Freitag eingegangenen Fragen werden nach den Geschäftsbereichen der Bundesregierung in einer Drucksache zusammengestellt. Nach der Geschäftsordnung bestimmt der Präsident, in welcher Reihenfolge die Geschäftsbereiche aufgerufen werden. In der Praxis werden die Ressorts in der von der Bundesregierung festgelegten amtlichen Reihenfolge aufgerufen. Um zu gewährleisten, dass alle Geschäftsbereiche regelmäßig aufgerufen werden, wird von dieser Reihenfolge ausgehend für den Aufruf in der Fragestunde ein rollierendes System zugrunde gelegt. Begonnen wird grundsätzlich mit dem Geschäftsbereich, der dem in der vorangegangenen Fragestunde zuletzt aufgerufenen Geschäftsbereich folgt. Abweichend hiervon bildet der in der vorangegangenen Fragestunde zuletzt aufgerufene Geschäftsbereich jedoch den Anfang, wenn die dazu für die vergangene Sitzungswoche eingereichten Fragen nicht wenigstens zur Hälfte aufgerufen wurden.

In der Fragestunde sind die Fragestellerinnen und Fragesteller berechtigt, nach der ersten Beantwortung ihrer Frage bis zu zwei Zusatzfragen zu stellen. Jedes andere Mitglied des Bundestages kann eine weitere Zusatzfrage stellen. Der Präsident soll diese zulassen, soweit dadurch die ordnungsgemäße Abwicklung der Fragestunde nicht gefährdet wird. Dies führt gelegentlich zu einem ausgedehnten Wechsel von Fragen und Antworten zu einem Thema, an dem sich Abgeordnete der Koalitionsfraktionen mit ihren Zusatzfragen häufig zur Unterstützung der Regierung beteiligen.

Neben diesen normalen Fragen für die Fragestunde soll der Präsident Fragen von offensichtlich dringendem öffentlichen Interesse (sogenannte dringliche Fragen) für die Fragestunde zulassen, wenn sie spätestens am vorhergehenden Tag bis 12.00 Uhr mittags eingereicht werden. Sie werden jedoch auf das wöchentliche Fragekontingent des betreffenden Mitglieds des Bundestages angerechnet. Dringliche Fragen werden zu Beginn der Fragestunde aufgerufen.

Jedes Mitglied des Bundestages ist darüber hinaus berechtigt, in jedem Monat bis zu vier Fragen zur schriftlichen Beantwortung an die Bundesregierung zu richten. Die Fragen sollen binnen einer Woche nach Eingang beim Bundeskanzleramt beantwortet werden. Die während einer Woche eingegangenen Antworten werden in der folgenden Woche in einer Drucksache veröffentlicht.

Von den hier aufgeführten Fragerechten wird im Bundestag in großem Umfang Gebrauch gemacht. In der 17. Wahlperiode (2009 bis 2013) betrug die Zahl der mündlichen, schriftlichen und dringlichen Fragen 26305.

Indes ist mit diesen den einzelnen Abgeordneten zur Verfügung stehenden Möglichkeiten das Instrumentarium des parlamentarischen Fragerechts, das zu den klassischen Kompetenzen der Kontrolle der Bundesregierung gehört, nicht erschöpft. Weitere Instrumente der Information und Kontrolle sind die Großen und Kleinen Anfragen, die spezifischen Regelungen der Geschäftsordnung unterliegen und sich in Ausgestaltung, Verfahren und Wirkung unterscheiden (s. dazu unten S. 75f.)

▶ Debatten

In den Plenarsitzungen werden die Beschlüsse gefasst, die in den Fraktionen und Ausschüssen vorbereitet wurden. Mit diesen Beschlüssen trifft der Bundestag seine verbindlichen politischen Entscheidungen. Kernstück der Plenarsitzungen sind die Debatten. Zwar wird zu manchen Tagesordnungspunkten, vor allem bei politisch unstrittigen Entscheidungen, schon im Ältestenrat vereinbart, dass keine Aussprache stattfinden soll; in diesen Fällen wird sofort entweder über die Überweisung einer Vorlage oder über ihre Annahme oder Ablehnung abgestimmt. Aber im Übrigen reiht sich in einer Plenarsitzung eine Debatte an die andere.

Die Platzierung der Verhandlungsgegenstände auf der Tagesordnung sowie die Dauer der Debatten werden in der Regel im Ältestenrat vereinbart und vom Bundestag bestätigt. Kommt es ausnahmsweise nicht zu einer Vereinbarung im Ältestenrat, so beschließt hierüber das Plenum, meist nach einer kurzen Geschäftsordnungsdebatte.

Diese Vereinbarungen zur Gestaltung des Ablaufs der Plenarsitzungen setzen eine Verständigung der parlamentarischen Mehrheit mit der Opposition voraus, deren Interessen an der Behandlung der von ihr eingebrachten Initiativen zu berücksichtigen sind. In der 18. Wahlperiode liegt dem ein interfraktionell vereinbartes festes Schema für die Reihung der Plenartagesordnung, der Debattenformate sowie für die Verteilung der beiden Kernzeitthemen am Donnerstag (s. dazu unten S. 67) und der ebenso bedeutsamen beiden ersten Tagesordnungspunkte am Freitag zugrunde. Danach werden die beiden ersten Punkte am Donnerstag und

Freitag, für die grundsätzlich eine Debattendauer von je 96 Minuten angesetzt ist, als eine Vierergruppe behandelt, bei der die Oppositionsfraktionen alternierend am Donnerstag oder Freitag den zweiten Tagesordnungspunkt mit ihren Themen besetzen. Im weiteren Verlauf des Donnerstag und Freitag wechseln sich Koalitions- und Oppositionsfraktionen mit ihren Tagesordnungspunkten, für die ganz überwiegend relativ kurze Debattenzeiten angesetzt sind, weitgehend ab.

Die Verteilung der Redezeit auf die einzelnen Fraktionen erfolgt regelmäßig nach einem festen Schlüssel, der jeweils zu Beginn der Wahlperiode vereinbart wird. Ausgehend vom Stärkeverhältnis der Fraktionen berücksichtigt dieser auch zusätzliche Gesichtspunkte, wie z.B. einen Bonus für die Opposition. Es handelt sich damit nicht um einen mathematischen, sondern politischen Verteilungsschlüssel. Dieser wird zudem für unterschiedliche Gesamtredezeiten (Debattenformate) festgelegt. So stehen z.B. in der 18. Legislaturperiode von einer Stunde Redezeit der Fraktion der CDU/CSU 27 Minuten, der SPD 17 Minuten und den Fraktionen DIE LINKE. und BÜNDNIS 90/DIE GRÜNEN je 8 Minuten zu.

Innerhalb dieses Rahmens bestimmen die Fraktionen selbst, welches ihrer Mitglieder wie lange zu einem bestimmten Gegenstand reden soll. Die Parlamentarischen Geschäftsführer teilen die Redner ihrer Fraktion und deren Redezeiten dem amtierenden Präsidenten mit, der sich parlamentarischer Übung entsprechend an diese Vorgaben hält. Allerdings wurde in der 17. Wahlperiode in mehreren Fällen Abgeordneten, die eine von der Fraktionslinie abweichende Meinung vortragen wollten und deshalb von ihrer Fraktion nicht als Redner benannt worden waren, mit Rücksicht auf ihr verfassungsrechtlich garantiertes Rederecht als weiteren Rednern – außerhalb des Fraktionskontingents – das Wort erteilt. Die Redezeit entspricht in diesen Fällen der für fraktionslose Abgeordnete.

Die Mitglieder der Bundesregierung und des Bundesrates haben gemäß Art. 43 Abs. 2 S. 2 GG ein grundsätzlich unbegrenztes Rederecht. In der Praxis werden jedoch die von ihnen in Anspruch genommenen Redezeiten auf die Redezeit der entsprechenden Fraktionen angerechnet, so dass sich das Gesamtverhältnis zwischen den Redezeiten der Fraktionen in der Regel nicht verändert.

Der amtierende Präsident bestimmt – im Rahmen der von Ältestenrat und Fraktionen getroffenen oben beschriebenen Festlegungen – die Reihenfolge der Redner und Rednerinnen. Die Geschäftsordnung führt Gesichtspunkte auf, die von ihm dabei zu beachten sind:

„Dabei soll ihn die Sorge für sachgemäße Erledigung und zweckmäßige Gestaltung der Beratung, die Rücksicht auf die verschiedenen Parteirichtungen, auf Rede und Gegenrede und auf die Stärke der Fraktionen leiten; insbesondere soll nach der Rede eines Mitgliedes oder Beauftragten der Bundesregierung eine abweichende Meinung zu Wort kommen."

Eine wichtige Aufgabe des amtierenden Präsidenten ist es, die Einhaltung der dem einzelnen Redner zur Verfügung stehenden Redezeit zu überwachen. Überschreiten Abgeordnete ihre Redezeit, so soll ihnen der Präsident nach einmaliger Mahnung das Wort entziehen.

Ist die Gesamtberatungsdauer zu einem Verhandlungsgegenstand abgelaufen, so schließt der Präsident nach Beendigung der Ausführungen des letzten Redners, der letzten Rednerin die Aussprache. Je nach Art des Verhandlungsgegenstandes und des Stadiums seiner Behandlung folgt in der Regel die Abstimmung über die Vorlage oder ihre Überweisung an die Fachausschüsse. Möglich sind allerdings auch sogenannte „Vereinbarte Debatten". Hierbei handelt es sich um Aussprachen zu politisch bedeutsamen Themen, ohne dass eine Vorlage gemäß § 75 Abs. 1 GO-BT oder eine Regierungserklärung als Beratungsgegenstand vorliegt.

Es gibt nach Art und Dauer verschiedene Formen der Debatte. Die besondere Aufmerksamkeit der Öffentlichkeit finden die Generaldebatten, die sich meist an Regierungserklärungen anschließen, insbesondere aber auch im Rahmen der alljährlichen mehrtägigen Beratungen über den Bundeshaushalt stattfinden. Auch bedeutsame, umstrittene Gesetzentwürfe und Große Anfragen können Anlass zu langen, sehr kontrovers geführten Debatten geben. In erster Linie hat das Parlament jedoch viel Detailarbeit zu verrichten, die von der Öffentlichkeit eher unbeachtet bleibt. So wird die Tagesordnung des Bundestages maßgeblich bestimmt durch die Vielzahl von kurzen Debatten zu teilweise sehr speziellen fachlichen Fragen, in denen entsprechend versierte Abgeordnete die Haltung ihrer Fraktion vortragen.

Zur Bewältigung dieses großen Pensums können nach vorheriger Vereinbarung im Ältestenrat anstelle einer Aussprache die schriftlichen Redetexte zu Protokoll genommen werden; sie werden dann als Anlagen zum Stenografischen Bericht der Plenarsitzung veröffentlicht. Diese Praxis ist dem beschränkten Zeitkontingent auch an einem vollen Sitzungstag, der regelmäßig von 9 Uhr bis 21 Uhr und länger dauert, geschuldet und entspricht gleichzeitig dem Bemühen, die politischen Standpunkte der Fraktionen darzulegen.

Da die Reden oft fachpolitische Fragen und diese auch im Detail behandeln, werden sie entsprechend gründlich vorbereitet. Dies erklärt, dass diesen Debatten keine besondere Spontaneität anhaftet und der Eindruck eines routinemäßigen Ablaufs der Bundestagssitzungen entsteht, zu denen sich oft nur wenige Abgeordnete im Plenarsaal einfinden. Insoweit ist jedoch auch zu berücksichtigen, dass den Debatten und Beschlüssen des Plenums ein oft lang dauernder politischer Willensbildungsprozess vorausgeht und die Themen in den Fraktionen, ihren Gremien sowie in den Ausschüssen bereits eingehend erörtert wurden. Es geht deshalb in den Sitzungen des Bundestages nicht darum, dass Abgeordnete sich erst ihre Meinung bilden oder versuchen, die Gegenseite zu überzeugen. Sinn der Plenardebatten ist vielmehr, die im parlamentarischen Prozess vorbereiteten Entscheidungen unter Darlegung der Haltung der Fraktionen für die Öffentlichkeit nachvollziehbar zu machen.

Die oft nur geringe Präsenz von Abgeordneten im Plenarsaal ist darüber hinaus damit zu erklären, dass sie während einer Sitzungswoche in Berlin eine Vielzahl anderer Aufgaben haben, deren Wahrnehmung die Bürgerinnen und Bürger – zu Recht – von ihnen erwarten.

Zu ihren Pflichten gehören neben der Teilnahme an Beratungen und Abstimmungen im Plenum des Deutschen Bundestages und in seinen Ausschüssen die Teilnahme an Sitzungen der eigenen Fraktion, deren Arbeitsgruppen und Arbeitskreisen, die Lektüre von politischen und Fachzeitschriften, das Studium von Akten, Anträgen und Gesetzesentwürfen, ggf. die Vorbereitung eigener Ansprachen und Debattenbeiträge, Telefonate, die Erledigung von Post aus den verschiedensten Kreisen der Bevölkerung, insbesondere auch aus dem Wahlkreis, politische Gespräche mit Bürgern, anderen Abgeordneten und Interessenvertretern und vieles mehr. Angesichts dieser Aufgabenfülle muss es den einzelnen Abgeordneten überlassen bleiben, bei welchen Tagesordnungspunkten sie ihre Teilnahme an einer Plenarsitzung für wichtig halten. Es führt daher zu Trugschlüssen, wenn die Besetzung des Plenums als Vergleichsmaßstab für das Pflichtbewusstsein, Engagement, Interesse oder die Leistung der Mitglieder des Deutschen Bundestages genommen wird.

Dennoch bleibt der Eindruck des schwach besetzten Plenarsaales auf die Öffentlichkeit weithin bestimmend und für den Bundestag und seine Mitglieder unbefriedigend. Der Bundestag hat daher im Rahmen der Parlamentsreform 1995 eine Reihe von Maßnahmen beschlossen, die den Plenarbetrieb nach außen und nach innen attraktiver machen sollen.

Eingeführt wurde damals insbesondere die sogenannte „Kernzeit": Am Donnerstag einer Sitzungswoche werden grundlegende, zentrale Themen behandelt, die auch in der Öffentlichkeit auf besonderes Interesse stoßen. Während dieser insgesamt rund 4-stündigen Kernzeitdebatten, die regelmäßig von den Medien live übertragen werden, finden keine Sitzungen anderer Gremien statt. Die Redezeit soll in aller Regel auf ca. 10 Minuten begrenzt werden, um möglichst vielen Abgeordneten eine Chance zum Vortrag zu geben. Daneben wurde die Möglichkeit, die Sitzung bei ungenügender Teilnahme zu unterbrechen, erweitert, indem nicht nur eine Fraktion oder 5% der Mitglieder die Beschlussfähigkeit bezweifeln können, sondern auch der Sitzungspräsident im Einvernehmen mit den Fraktionen die Sitzung unterbrechen kann, wenn bei Kernzeitdebatten eine Anwesenheit von weniger als 25% der Mitglieder des Bundestages festgestellt wird.

Eine besondere Form der Debatte ist die „Aussprache zu Themen von allgemeinem aktuellen Interesse", die so genannte Aktuelle Stunde. Ursprünglich war sie eingeführt worden, um den Abgeordneten, die mit einer Antwort der Bundesregierung auf eine Frage in der Fragestunde nicht zufrieden waren, sie als ausweichend oder jedenfalls nicht ausreichend betrachteten, eine Gelegenheit zur weiteren Diskussion zu geben. Inzwischen sind die Möglichkeiten, ein Thema von allgemeinem aktuellen Interesse in dieser Weise aufzugreifen, verselbstständigt worden: Eine Aktuelle Stunde findet auch dann statt, wenn sie im Ältestenrat vereinbart wurde oder wenn sie von einer Fraktion oder von 5 vom Hundert der Abgeordneten, derzeit also von mindestens 32 Abgeordneten, verlangt wird.

An jedem Sitzungstag kann nur eine Aktuelle Stunde stattfinden; eine weitere Aktuelle Stunde zu einem anderen Thema wird gegebenenfalls auf den folgenden Sitzungstag vertagt. In den letzten Jahren fanden fast in jeder Tagungswoche eine, manchmal bis zu drei Aktuelle Stunden statt.

Die Aktuelle Stunde ist durch zwei Besonderheiten gekennzeichnet: Zum einen ist nach der Geschäftsordnung die Dauer der Aussprache auf eine Stunde beschränkt, zum anderen darf die Redezeit jedes einzelnen Redners 5 Minuten nicht überschreiten. Die Bundesregierung hat ebenfalls ihre grundsätzliche Bereitschaft zur Beachtung dieses Zeitlimits erklärt. Die von Mitgliedern der Bundesregierung, des Bundesrates und ihren Beauftragten in Anspruch genommene Redezeit wird nicht angerechnet. Da diesem Personenkreis – wegen des verfassungsrechtlich garantierten

Rederechts der Regierungs- und Bundesratsvertreter (Art. 43 Abs. 2 S. 2 GG) – das Wort nicht entzogen werden kann, sieht die Geschäftsordnung vor, dass eine Fraktion die Eröffnung einer hinsichtlich Dauer und Redezeit unbeschränkten Debatte verlangen kann, wenn die Redezeit länger als 10 Minuten dauert. Aktuelle Stunden sparen inhaltlich keinen Bereich der Politik aus. Gegenstand sind häufig aktuelle Geschehnisse im In- und Ausland sowie vor allem politische Äußerungen, die zur Gelegenheit für Kritik an der Gegenseite sowie für das Hervorheben eigener Standpunkte genommen werden. Auf Grund ihrer Ausgestaltung als Minderheitsrecht ist die Aktuelle Stunde die Möglichkeit der Opposition, kurzfristig ein eigenes Thema auf der Tagesordnung des Plenums zu platzieren.

In dem Bestreben, die Plenardebatte lebendiger zu gestalten und den spontanen Austausch von Argumenten und Positionen zu fördern, sieht die Geschäftsordnung die Möglichkeit einer Zwischenbemerkung – Kurzintervention – während oder am Ende eines Debattenbeitrages vor. Über das Instrument der Zwischenfrage hinaus, die nur eine direkte Frage an die Rednerin oder den Redner zulässt, kann bei der Kurzintervention eine Frage durch eine kurze Erklärung eingeleitet oder aber eine Erklärung unabhängig von einer Frage abgegeben werden. Um den Debattenzeitplan insgesamt noch in etwa einzuhalten, ist eine Kurzintervention auf 3 Minuten Dauer begrenzt. Auch wenn die Kurzintervention im Anschluss an einen Debattenbeitrag erfolgt, darf der Redner hierauf noch einmal antworten, wobei ihm ebenfalls bis zu 3 Minuten zur Verfügung stehen.

Eine zeitliche Beschränkung auf 5 Minuten gilt für mehrere Arten von Redebeiträgen und Erklärungen, die von Abgeordneten innerhalb oder außerhalb einer Debatte abgegeben werden können. So erteilt der Präsident zu einem Geschäftsordnungsantrag vorrangig das Wort. Ein solcher Antrag muss sich auf den zur Beratung stehenden Verhandlungsgegenstand oder auf die Tagesordnung beziehen. Das Wort zur Geschäftsordnung betrifft also ausschließlich Verfahrensfragen: die Sache, um die es in einer Debatte geht, darf dabei nicht näher behandelt werden. Aber es fällt oft schwer, das Verfahren von der Sache zu trennen.

Mit einer Erklärung zur Aussprache können Abgeordnete Äußerungen, die sich in einer Debatte auf ihre Person bezogen haben, zurückweisen oder eigene Ausführungen richtig stellen. Nach der Geschäftsordnung wird das Wort hierzu nach Schluss, Unterbrechung oder Vertagung einer Aussprache erteilt. Der Präsident kann jedoch zur direkten Erwiderung auch vorrangig das Wort während der Aussprache erteilen.

Nach Schluss der Debatte können Abgeordnete eine Erklärung zur Abstimmung abgeben, um ihr Verhalten in der Abstimmung zu begründen. Der Präsident soll eine solche Erklärung in der Regel vor der Abstimmung zulassen. Sie ist nur zur abschließenden Abstimmung über einen Verhandlungsgegenstand zulässig. Wird sie schriftlich abgegeben, so wird sie in den Anhang zum Stenografischen Bericht aufgenommen.

Schließlich kann der Präsident vor Eintritt in die Tagesordnung, nach Schluss, Unterbrechung oder Vertagung einer Aussprache zu einer Erklärung außerhalb der Tagesordnung das Wort erteilen. Der Anlass ist ihm vorher mitzuteilen. Die Erklärung darf sich nicht auf einen Punkt der Tagesordnung beziehen, sondern soll lediglich Gelegenheit geben, ein Ereignis mitzuteilen, einen tatsächlichen Vorgang darzustellen oder eine persönliche Stellungnahme zu einer den Abgeordneten oder ein politisches Ereignis betreffenden Äußerung außerhalb des Hauses abzugeben. In der Praxis wird hiervon nur selten Gebrauch gemacht.

In einem abweichenden Sinne wird der Begriff „Erklärung" an anderer Stelle in der Geschäftsordnung gebraucht: Bei der Beratung von Beschlussempfehlungen des Vermittlungsausschusses sowie über einen Einspruch des Bundesrates dürfen nur Erklärungen abgegeben werden, eine Aussprache ist in beiden Fällen vor der Abstimmung ausdrücklich nicht zugelassen. Die Dauer dieser Erklärungen ist zeitlich nicht begrenzt, in der Praxis beschränkt man sich jedoch in der Regel auf 5 Minuten. Der Unterschied zu Debattenbeiträgen liegt darin, dass lediglich die Position der Fraktionen zum Vermittlungsvorschlag oder zum Einspruch dargelegt werden soll, ohne jedoch auf die Erklärungen der anderen Fraktionen einzugehen. (Über die Bedeutung dieser Vorgänge im Gesetzgebungsverfahren siehe ab Seite 134 ff.).

▶ Gegenstände der Verhandlung

Die Gegenstände, mit denen sich der Bundestag in seinen Plenardebatten befasst, sind äußerst vielfältig.

Die Geschäftsordnung zählt in § 75 alle Vorlagen auf, die als Verhandlungsgegenstand auf die Tagesordnung gesetzt oder im Zusammenhang mit Tagesordnungspunkten beraten werden können. Da Gesetzentwürfe und alle mit dem Gesetzgebungsverfahren zusammenhängenden Vorlagen später (ab S. 99 ff.) behandelt werden, wird hier nur von den sonstigen Verhandlungsgegenständen die Rede sein, sofern sie nicht schon früher erwähnt wurden. Die Beratung einer Vorlage kann in der Regel frühestens am dritten Tage nach Verteilung der Drucksache beginnen. Diese Fristbestimmung soll sicherstellen, dass die Abgeordneten Zeit zur Vorbereitung der Debatte haben. Von dieser Bestimmung kann aber in den meisten Fällen mit Zweidrittelmehrheit abgewichen werden.

Nicht jeder Verhandlungsgegenstand muss jedoch zwingend eine Vorlage sein. In der Praxis bedeutsames Beispiel ist die Regierungserklärung, zu deren Abgabe die Bundesregierung jederzeit berechtigt ist (Art. 43 Abs. 2 Satz 2 GG). Regierungserklärungen können von der Bundeskanzlerin/dem Bundeskanzler, aber auch von jedem anderen Mitglied der Bundesregierung vorgetragen werden.

Eine besonders wichtige Regierungserklärung ist die, mit der die Bundeskanzlerin oder der Bundeskanzler zum Amtsantritt vor dem Bundestag die Politik der Regierung für die Wahlperiode vorstellt. Im Laufe der Wahlperiode kann die Bundesregierung von sich aus Erklärungen zu aktuellen politischen Themen vor dem Parlament abgeben. Regierungserklärungen werden so rechtzeitig angemeldet, dass sie auf die Tagesordnung gesetzt werden und die Fraktionen sich auf die anschließende Debatte vorbereiten können.

Berichte und Materialien der Bundesregierung zur Unterrichtung des Bundestages kann der Bundestagspräsident, ohne sie auf die Tagesordnung zu setzen, nach Vereinbarung im Ältestenrat einem Ausschuss überweisen. Sie kommen nur dann auf die Tagesordnung, wenn der Ausschuss einen über die Kenntnisnahme hinausgehenden Beschluss empfehlen will. Wann eine solche schriftliche Unterrichtung durch die Bundesregierung debattiert wird und ob überhaupt eine Plenardebatte darüber stattfindet, hängt also von der politischen Bedeutung solcher Berichte ab. Die interessierte Öffentlichkeit kann jedenfalls von ihnen schon mit ihrer Veröffentlichung als Bundestagsdrucksache Kenntnis nehmen.

Anträge können sehr verschiedene Inhalte haben. Sie werden als selbstständiger Punkt auf die Tagesordnung gesetzt. In den meisten Fällen handelt es sich um Anträge von Mitgliedern des Bundestages mit einer Aufforderung an die Bundesregierung, z.B. einen Gesetzentwurf zur Regelung einer bestimmten Angelegenheit vorzulegen, bestimmte Maßnahmen zu ergreifen, sich zu Sachfragen zu äußern oder über im Antrag genannte Ereignisse oder Politikbereiche zu berichten.

Anträge von Abgeordneten müssen von einer Fraktion oder von 5 vom Hundert der Abgeordneten, derzeit also von mindestens 32 Abgeordneten, unterzeichnet sein, soweit die Geschäftsordnung nichts anderes vorschreibt.

Etwas anderes ist zum Beispiel für den politisch schwerwiegenden Misstrauensantrag gegen den Bundeskanzler vorgeschrieben, der auf einen Regierungswechsel zielt. Der Antrag, dem Bundeskanzler das Misstrauen auszusprechen (Art. 67 GG), muss einen Vorschlag zur Wahl eines neuen Bundeskanzlers enthalten und von einem Viertel der Mitglieder des Bundestages oder von einer Fraktion, die mindestens ein Viertel der Mitglieder umfasst, unterzeichnet sein. Der Misstrauensantrag ist also in Wirklichkeit ein Antrag, einen neuen Bundeskanzler zu wählen (so genanntes konstruktives Misstrauensvotum). Zwischen dem Antrag und der Wahl müssen 48 Stunden liegen (Art. 67 Abs. 2 GG). Diese Wahl wird – ebenso wie die Kanzlerwahl zu Beginn der Wahlperiode (Art. 63 GG) – als geheime Wahl durchgeführt, und die vorgeschlagene Nachfolgerin, der vorgeschlagene Nachfolger ist nur dann gewählt, wenn sie oder er die Stimmen der Mehrheit der Mitglieder des Bundestages erhält; der Bundespräsident muss dann die Ernennungsurkunde überreichen. Gleichzeitig wird der bisherige Bundeskanzler entlassen. Mit der Ernennung und der Vereidigung der Mitglieder der neuen Bundesregierung ist dann der Regierungswechsel vollzogen. Ein solcher Misstrauensantrag ist bisher zweimal gestellt worden: er scheiterte im Jahre 1972 (Rainer Barzel gegen Willy Brandt), weil Barzel nur 247 Stimmen (anstatt 249) erhielt; er war hingegen erfolgreich im Jahre 1982, als Helmut Kohl mit 256 Stimmen zum Bundeskanzler gewählt wurde und Helmut Schmidt ablöste.

Weitere Fälle, in denen das Grundgesetz oder die Geschäftsordnung ein anderes Quorum als 5 vom Hundert der Mitglieder vorschreibt, sind insbesondere der Antrag auf Einberufung des Bundestages (ein Drittel der Mitglieder, Art. 39 Abs. 3 GG, 18. Wahlperiode: 120 der Mitglieder) und das Verlangen nach Einsetzung eines Untersuchungsausschusses (ein Viertel der Mitglieder, Art. 44 GG) oder einer Enquete-Kommission (ein Viertel der Mitglieder, § 56 der Geschäftsordnung), in der 18. Wahlperiode jeweils 120 der Mitglieder.

Anträge können aber auch von der Bundeskanzlerin/dem Bundeskanzler, der Bundesregierung oder einzelnen Ministern gestellt werden.

So kann nach Art. 68 GG der Bundeskanzler den Antrag stellen, ihm das Vertrauen auszusprechen, sog. Vertrauensfrage. Auch in diesem Falle müssen zwischen dem Antrag und der Abstimmung, die – im Gegensatz zur Kanzlerwahl – offen und in namentlicher Abstimmung durchgeführt wird, 48 Stunden liegen. Findet ein solcher Vertrauensantrag des Bundeskanzlers, den er mit der Abstimmung über ein Gesetz verbinden kann, nicht die Zustimmung der Mehrheit der Mitglieder des Bundestages, „so kann der Bundespräsident auf Vorschlag des Bundeskanzlers binnen 21 Tagen den Bundestag auflösen. Das Recht zur Auflösung erlischt, sobald der Bundestag mit der Mehrheit seiner Mitglieder einen anderen Bundeskanzler wählt" (Art. 68 Abs. 1 GG). Von der Möglichkeit wurde fünfmal Gebrauch gemacht; zuletzt stellte Bundeskanzler Schröder die Vertrauensfrage und erhielt in der namentlichen Abstimmung am 1. Juli 2005 151 Ja- und 296 Nein-Stimmen, 148 Abgeordnete enthielten sich der Stimme. Noch am selben Tag schlug der Bundeskanzler dem Bundespräsidenten vor, den Bundestag aufzulösen. Dieser ordnete am 21. Juli 2005 die Auflösung des 15. Deutschen Bundestages und Neuwahlen für den 18. September 2005 an.

In Form eines Antrags holt die Bundesregierung auch die Zustimmung des Bundestages zum Auslandseinsatz bewaffneter deutscher Streitkräfte nach dem Parlamentsbeteiligungsgesetz ein.

Nach der Geschäftsordnung werden die vorerwähnten Anträge „grundsätzlich in einer Beratung behandelt" – im Gegensatz zu Gesetzentwürfen, die in drei Beratungen, und Vertragsgesetzen, die grundsätzlich in zwei Beratungen behandelt werden. Üblicherweise werden Anträge aber an – in der Regel mehrere – Ausschüsse überwiesen und später zusammen mit der Beschlussempfehlung des (federführenden) Ausschusses abschließend beraten.

Anträge von Abgeordneten müssen auf Verlangen der Antragsteller auf die Tagesordnung der nächsten Sitzung gesetzt und beraten werden, wenn seit der Verteilung der Drucksachen mindestens drei (Zeit-)Wochen vergangen sind. Nach Ablauf von zehn Sitzungswochen können eine Fraktion oder 5 vom Hundert der Abgeordneten, derzeit also mindestens 32 Abgeordnete, verlangen, dass der Ausschuss dem Bundestag einen Bericht über den Stand der Beratungen erstattet. Dieser Bericht ist auf Verlangen auch auf die Tagesordnung zu setzen. Damit ist die parlamentarische Minderheit gegen mögliche Versuche der Mehrheit, die Behandlung von Oppositionsinitiativen hinauszuzögern, geschützt.

Anders ist das Verfahren bei Entschließungsanträgen, die nicht auf der Tagesordnung erscheinen, sondern als unselbstständige Vorlage zu anderen Verhandlungsgegenständen vorgelegt werden. Inhaltlich unterscheiden sich Entschließungsanträge von den eben beschriebenen Anträgen von Abgeordneten überhaupt nicht. Sie müssen ebenso wie diese von einer Fraktion oder von 5 vom Hundert der Abgeordneten unterzeichnet sein, aber sie sind an keine Fristbestimmungen gebunden und können noch während der Beratung des Verhandlungsgegenstandes, auf den sie sich beziehen, eingebracht werden. Entschließungsanträge können nicht nur zu Gesetzentwürfen, sondern vor allem auch zum Bundeshaushalt und seinen Einzelplänen eingebracht werden, aber auch zu einer Regierungserklärung, zu Berichten der Bundesregierung, zu Großen Anfragen sowie zu EU-Vorlagen, Entschließungen des Europäischen Parlaments, Stabilitätsvorlagen und Rechtsverordnungen. Diese Anträge werden im Allgemeinen während der Aussprache über den zugrunde liegenden Verhandlungsgegenstand begründet. Abgestimmt wird über einen Entschließungsantrag entweder nach der Schlussabstimmung über den diesbezüglichen Verhandlungsgegenstand oder, wenn keine Schlussabstimmung stattfindet, nach Schluss der Aussprache. Über Entschließungsanträge zum Bundeshaushalt kann während der dritten Beratung abgestimmt werden.

Entschließungsanträge zu Vorlagen können gegen den Widerspruch der Antragsteller nicht an einen Ausschuss überwiesen werden. Wird der Ausschussüberweisung widersprochen, so können eine Fraktion oder anwesende 5 vom Hundert der Abgeordneten verlangen, dass die Abstimmung auf den nächsten Sitzungstag verschoben wird, um dadurch eine nähere Prüfung und gegebenenfalls Gespräche über den Entschließungsantrag zu ermöglichen.

Änderungsanträge sind ebenfalls unselbstständige Vorlagen und werden nur zusammen mit dem Verhandlungsgegenstand behandelt, auf den sie sich beziehen, z. B. Gesetzentwürfe und Anträge. Änderungsanträge können aber auch zu Entschließungsanträgen oder zu Beschlussempfehlungen zu selbstständigen Anträgen gestellt werden. Antragsberechtigt ist jeder einzelne Abgeordnete, wobei dies bei Gesetzentwürfen auf die zweite Beratung beschränkt ist. In der dritten Beratung von Gesetzentwürfen, in der Änderungsanträge nur zu Bestimmungen möglich sind, zu denen in der zweiten Beratung Änderungen beschlossen wurden, können Änderungsanträge nur von einer Fraktion oder fünf vom Hundert der Abgeordneten gestellt werden.

Geschäftsordnungsanträge sind Verfahrensanträge, die sich auf den zur Beratung stehenden Verhandlungsgegenstand oder auf die Tagesordnung beziehen. In etlichen Fällen können Anträge zur Geschäftsordnung auch von einem einzelnen Mitglied des Bundestages gestellt werden, z. B. die

Anträge auf Aufsetzung oder Absetzung eines Tagesordnungspunktes. Über alle Geschäftsordnungsanträge, soweit sie nicht Minderheitsrechte betreffen, entscheidet der Bundestag durch Abstimmung. Minderheitsrechte können von der Mehrheit nicht beschnitten werden. Die Geschäftsordnung macht solche Minderheitsrechte durch das Wort „verlangen" erkennbar. So können eine Fraktion oder anwesende 5 vom Hundert der Abgeordneten verlangen, dass über einen Verhandlungsgegenstand in namentlicher Abstimmung entschieden wird. Eine Fraktion oder das genannte Quorum anwesender Abgeordneter kann auch den Antrag auf Feststellung der Beschlussfähigkeit des Hauses oder den Antrag auf Herbeirufung eines Mitglieds der Bundesregierung stellen. Eine vollständige Aufzählung aller denkbaren Geschäftsordnungsanträge ist in diesem Rahmen nicht möglich.

Weitere Verhandlungsgegenstände sind Beschlussempfehlungen und Berichte in Wahlprüfungs-, Immunitäts- und Geschäftsordnungsangelegenheiten, über Petitionen sowie über Streitsachen vor dem Bundesverfassungsgericht.

Für die Behandlung einiger Regierungsvorlagen sieht die Geschäftsordnung besondere Verfahren vor.

So gibt es eine Reihe von Rechtsverordnungen, die auf Grund eines Gesetzes dem Bundestag vorgelegt werden müssen. Nach der Geschäftsordnung werden Rechtsverordnungen, die der Zustimmung des Bundestages bedürfen oder deren Aufhebung der Bundestag innerhalb einer bestimmten Frist verlangen kann, vom Präsidenten im Benehmen mit dem Ältestenrat unmittelbar an die zuständigen Ausschüsse überwiesen; der Bericht und gegebenenfalls die Beschlussempfehlung des federführenden Ausschusses wird auf die Tagesordnung gesetzt.

Stabilitätsvorlagen sind Vorlagen der Bundesregierung gemäß § 8 Abs. 1 des Gesetzes zur Förderung der Stabilität und des Wachstums der Wirtschaft. Sie werden vom Präsidenten unmittelbar an den Haushaltsausschuss überwiesen, der sie innerhalb der auf den Eingang der Stellungnahme des Bundesrates folgenden Sitzungswoche zu beraten hat. Der Bericht des Haushaltsausschusses ist vor Ablauf einer Vier-Wochen-Frist auf die Tagesordnung zu setzen; Änderungsanträge von Abgeordneten dürfen nur auf eine Kürzung der Ausgaben gerichtet sein.

Weitere Regierungsvorlagen, die einem besonderen Verfahren unterliegen, sind die Haushaltsvorlagen (alle das Haushaltsgesetz und den Haushaltsplan betreffende Vorlagen) und die Finanzvorlagen (z.B. Gesetzesvorlagen mit erheblichen finanziellen Auswirkungen für den Bund).

Besondere Regeln gelten auch für die Behandlung von EU-Dokumenten. Mit den Begleitgesetzen zum Vertrag von Lissabon und zur Eurostabilisierung verfügt der Bundestag über weitgehende Informations- und Beteiligungsrechte, die an dieser Stelle – gemessen an ihrer Bedeutung – nur unzureichend beschrieben werden könnten. Die Behandlung von EU-Angelegenheiten in Ausschüssen und im Plenum ist deshalb einem eigenen Kapitel vorbehalten (s. S. 77 ff.).

Die Große Anfrage ist das stärkste parlamentarische Instrument, um eine Stellungnahme der Bundesregierung zu wichtigen politischen Fragen herbeizuführen und darüber dann öffentlich zu debattieren. Sie war schon im Reichstag der Kaiserzeit als Interpellation bekannt und damals zunächst die einzige Möglichkeit, Fragen an die Regierung zu richten.

Große Anfragen können von einer Fraktion oder von 5 vom Hundert der Abgeordneten (derzeit mindestens 32) beim Präsidenten eingereicht werden. Der Präsident teilt sie der Bundesregierung mit. Nach Eingang der Antwort der Bundesregierung wird die Große Anfrage auf die Tagesordnung gesetzt und debattiert. Große Anfragen dienen ganz überwiegend den Oppositionsfraktionen als Instrument der politischen Richtungskontrolle der Regierung. Im Allgemeinen geht es bei Großen Anfragen um politisch bedeutsame Themenkomplexe, zu denen von der Regierung sowohl grundsätzlich wie auch im Detail Auskunft und Rechenschaft verlangt werden. Eine Debatte muss auf Verlangen einer Fraktion oder dem genannten Quorum auch dann stattfinden, wenn die Bundesregierung die Antwort zu lange hinauszögert oder überhaupt nicht antwortet. Eine bestimmte Frist ist jedoch für die Beantwortung nicht vorgeschrieben.

Neben diesen Großen Anfragen, die stets auf eine öffentliche Debatte abzielen, gibt es die Kleinen Anfragen, mit denen die schriftliche Auskunft der Bundesregierung über bestimmte Sachverhalte verlangt werden kann. Sie müssen ebenfalls von einer Fraktion oder dem genannten Quorum unterzeichnet sein. Der Bundestagspräsident leitet sie der Bundesregierung mit der Aufforderung zu, sie innerhalb von 14 Tagen schriftlich zu beantworten. Mit der schriftlichen Antwort der Bundesregierung ist die Kleine Anfrage erledigt. Fragen und Antworten werden jeweils als Bundestagsdrucksache veröffentlicht. Eine Debatte findet nicht statt. Die Kleine Anfrage wird ebenfalls ganz überwiegend als Informations- und Kontrollinstrument der Opposition genutzt.

► Abstimmungen

Für die Abstimmungen im Bundestag gibt es verschiedene Verfahren: Der Regelfall ist die Abstimmung per Handzeichen. Bei der Schlussabstimmung über Gesetzentwürfe erfolgt die Abstimmung der Bedeutung des Vorganges gemäß durch Aufstehen oder Sitzenbleiben. Ist der Sitzungsvorstand über das Ergebnis der Abstimmung nicht einig, so muss die Abstimmung durch Zählung der Stimmen, den so genannten Hammelsprung, wiederholt werden.

Dieser geht wie folgt vor sich: Der Präsident fordert die Abgeordneten auf, den Plenarsaal zu verlassen. Auf ein Zeichen des Präsidenten betreten die Abgeordneten dann von der „Lobby" aus durch die mit „ja", „nein" oder „Enthaltung" bezeichneten Türen wieder den Sitzungssaal und werden jeweils von zwei Schriftführern an jeder Tür gezählt. Die Schriftführer teilen dem Präsidenten die Ergebnisse ihrer Zählung mit. Dieser verkündet dem Plenum das Ergebnis.

Dieses Verfahren wird auch angewandt, wenn vor einer Abstimmung namens einer Fraktion oder von anwesenden 5 vom Hundert, d.h. derzeit von (mindestens) 32 Abgeordneten, die Beschlussfähigkeit des Hauses bezweifelt und vom Sitzungsvorstand nicht einmütig bejaht wird. Solange allerdings solche Zweifel nicht geäußert werden, wird die Beschlussfähigkeit, d.h. die Anwesenheit von mehr als der Hälfte der Abgeordneten, unterstellt, und Beschlüsse können wirksam gefasst werden.

Eine namentliche Abstimmung findet statt, wenn sie von einer Fraktion oder von anwesenden 5 vom Hundert der Mitglieder des Bundestages, verlangt wird. Das geschieht im Allgemeinen nur bei politisch bedeutsamen Fragen, die im Hause umstritten sind. Alle Abgeordneten werfen ihre Stimmkarte unter der Kontrolle von Schriftführern in Urnen, die im Plenarsaal aufgestellt sind. Auf den drei verschiedenen Plastik-Stimmkarten sind Name und Fraktion des Abgeordneten und die Erklärung „Ja" (blau), „Nein" (rot) oder „Enthalte mich" (weiß) abgedruckt. Der Sitzungspräsident verkündet das Ergebnis, das im Plenarprotokoll mit Namen und Abstimmungsverhalten jedes Abgeordneten dokumentiert und auch im Internetangebot des Bundestages mit Namenslisten veröffentlicht wird. Damit ist für die Öffentlichkeit nachlesbar festgehalten, wie sich die einzelnen Abgeordneten in der betreffenden Abstimmung entschieden haben.

Bei geheimen Wahlen kreuzen die Abgeordneten in Wahlkabinen ihre Kandidatin oder ihren Kandidaten auf dem Stimmzettel an und werfen diesen dann in einem Umschlag unter der Kontrolle von Schriftführerinnen und Schriftführern in eine Wahlurne.

Geheim werden insbesondere der Bundestagspräsident, die Vizepräsidenten, der Bundeskanzler und der Wehrbeauftragte gewählt. Die Wahl des Bundestagspräsidenten und des Bundeskanzlers erfolgen außerdem traditionell mit Namensaufruf, d.h. die Mitglieder des Hauses werden durch Schriftführer namentlich aufgerufen. Geheime Abstimmungen gibt es nur bei der Wahl von Personen für bestimmte Ämter, nicht jedoch bei Abstimmungen über Gesetze oder Anträge.

Mitwirkung des Bundestages in EU-Angelegenheiten

Die Entwicklung der Europäischen Union hat zu einer umfangreichen Verlagerung von Zuständigkeiten auf die europäische Ebene geführt. Ohne die Mitwirkung der nationalen Parlamente würde der zunehmend vergemeinschafteten europäischen Politik jedoch die demokratische Legitimation fehlen. Aus dem Demokratieprinzip des Grundgesetzes folgt die maßgebliche Rolle des Bundestages bei der Vermittlung demokratischer Legitimation der europäischen Integration. Wie das Bundesverfassungsgericht in zahlreichen Entscheidungen unterstrichen hat, muss der Bundestag der zentrale Ort der öffentlichen politischen Diskussion und der rechtsverbindlichen Beschlüsse auch und gerade in Angelegenheiten der Europäischen Union bleiben.

Die maßgebliche verfassungsrechtliche Vorschrift für die parlamentarische Mitwirkung in EU-Angelegenheiten ist der mit der Ratifizierung des Vertrages von Maastricht eingefügte Art. 23 GG. Danach bedarf jede Änderung der vertraglichen Grundlagen der EU und jede Übertragung von Hoheitsrechten der Zustimmung von Bundestag und Bundesrat. Darüber hinaus ist die Bundesregierung verpflichtet, den Bundestag umfassend und zum frühestmöglichen Zeitpunkt in EU-Angelegenheiten zu unterrichten. Vor ihrer Mitwirkung an Rechtsetzungsakten der EU muss sie dem Bundestag Gelegenheit zur Stellungnahme geben und diese Stellungnahme bei ihren Verhandlungen berücksichtigen. Die Einzelheiten hierzu sind in den sog. Begleitgesetzen zum Vertrag von Lissabon geregelt. Dabei handelt es sich um das im Jahr 2013 neugefasste „Gesetz über die Zusammenarbeit von Bundesregierung und Deutschem Bundestag in Angelegenheiten der Europäischen Union" (EUZBBG) und das „Gesetz über die Wahrnehmung der Integrationsverantwortung des Bundestages und des Bundesrates in Angelegenheiten der Europäischen Union" (IntVG) aus dem Jahr 2009. Beide Gesetze sehen umfassende Informations- und Mitwirkungsrechte vor. Im EUZBBG sind die Unterrichtungspflichten der Bundesregierung in EU-Angelegenheiten und die Mitwirkung des Bundestages durch Stellungnahmen gemäß Art. 23 Abs. 2 und 3 GG gegenüber der Bundesregierung näher ausgestaltet. Das IntVG regelt die Beteiligung des Bundestages bei besonderen Vorhaben auf europäischer Ebene, die einer herausgehobenen Integrationsverantwortung unterliegen, wie Änderungen des EU-Vertragsrechts, Ausweitung europäischer Gesetzgebungskompetenzen und Änderungen im EU-Abstimmungsverfahren.

▶ Mitwirkungsrechte nach dem Zusammenarbeitsgesetz

Gemäß § 3 EUZBBG unterrichtet die Bundesregierung den Bundestag in Angelegenheiten der Europäischen Union umfassend, zum frühestmöglichen Zeitpunkt, fortlaufend und grundsätzlich schriftlich. Die Unterrichtung erstreckt sich insbesondere auf die Willensbildung der Bundesregierung, die Vorbereitung und den Verlauf der Beratungen innerhalb der Organe der Europäischen Union, die Stellungnahmen des Europäischen Parlaments, der Europäischen Kommission und der anderen EU-Mitgliedstaaten sowie die getroffenen Entscheidungen. Erfasst sind auch die informellen Ministertreffen, der Eurogipfel, die Eurogruppe und vergleichbare Institutionen, die in einem Ergänzungs- oder sonstigen besonderen Näheverhältnis zum EU-Recht stehen. Gleiches gilt für alle vorbereitenden Gremien und Arbeitsgruppen. Die Unterrichtung erfolgt durch Übermittlung der entsprechenden Dokumente sowie der Berichte der Bundesregierung, die in § 4 EUZBBG detailliert aufgeführt sind. Der Bundestag muss bereits im Voraus und so rechtzeitig informiert werden, dass er sich über den Gegenstand der Sitzungen sowie die Position der Bundesregierung eine Meinung bilden und auf die Verhandlungslinie und das Abstimmungsverhalten der Bundesregierung Einfluss nehmen kann.

Wesentlich für die Form der Unterrichtung, die weitere Behandlung im Bundestag und die parlamentarischen Mitwirkungsrechte ist der Begriff des EU-Vorhabens (§ 5 EUZBBG). Hierzu gehören insbesondere alle Vorschläge für Gesetzgebungsakte wie Verordnungen und Richtlinien sowie Vorschläge für Vertragsänderungen und für die Aufnahme von Beitrittsverhandlungen, aber auch Berichte, Mitteilungen, Grün- und Weißbücher, Aktionspläne und Mandate für völkerrechtliche Verträge. EU-Vorhaben werden dem Bundestag mit einem Zuleitungsschreiben von der Bundesregierung zugeleitet (förmliche Zuleitung, § 6 EUZBBG). Innerhalb von zwei Wochen nach Zuleitung erläutert die Bundesregierung darüber hinaus in einem förmlichen Bericht, dem so genannten Berichtsbogen, den wesentlichen Inhalt und die politische Bedeutung des EU-Vorhabens, den Zeitplan der Behandlung auf europäischer Ebene und das besondere deutsche Interesse. Der Berichtsbogen enthält auch eine Bewertung des Vorhabens hinsichtlich seiner Vereinbarkeit mit den Grundsätzen der Subsidiarität und Verhältnismäßigkeit. Handelt es sich bei dem Vorhaben um einen Gesetzgebungsakt der Europäischen Union, übermittelt die Bundesregierung zusätzlich binnen zwei Wochen nach Überweisung an die Ausschüsse des Bundestages, spätestens jedoch zu Beginn der Beratungen in den Ratsgremien, eine sogenannte Umfassende Bewertung. Neben Angaben zur Zuständigkeit der Europäischen Union zum Erlass des vorgeschlagenen Gesetzgebungsaktes und zu dessen Vereinbarkeit mit den Grundsätzen der Subsidiarität und Verhältnismäßigkeit enthält diese Bewertung eine umfassende Abschätzung der Folgen für die Bundesrepublik Deutschland.

Im Bereich der Gemeinsamen Außen- und Sicherheitspolitik (GASP) und der Gemeinsamen Sicherheits- und Verteidigungspolitik (GSVP) unterrichtet die Bundesregierung ebenfalls umfassend, fortlaufend, zum frühestmöglichen Zeitpunkt und in der Regel schriftlich. Die Unterrichtung umfasst die Zuleitung einer Übersicht der absehbar zur Beratung anstehenden Rechtsakte, deren Bewertung und eine Einschätzung über den weiteren Beratungsverlauf (§ 7 EUZBBG). Auf Anforderung des Bundestages werden Dokumente von grundsätzlicher Bedeutung nach Maßgabe von § 6 Abs. 1 EUZBBG förmlich zugeleitet.

Das Verfahren zur Behandlung der Unionsdokumente ergibt sich aus den §§ 93, 93 a–d GO-BT. Sämtliche EU-Dokumente werden von der Bundesregierung unmittelbar an das Referat „Europa-Dokumentation" der Bundestagsverwaltung geleitet. Zusätzlich sendet die Kommission alle angenommenen Texte und das Europäische Parlament alle Entschließungen direkt an den Bundestag. Insgesamt gehen jährlich fast 25 000 Dokumente beim Bundestag ein, die im bundestagsinternen Informationssystem EuDoX erfasst werden. Hierunter sind ca. 800 Vorhaben der EU, die förmlich durch die Bundesregierung zugeleitet werden, ca. 9000 Informationen und Unterrichtungen der Bundesregierung, ca. 1880 direkte Zuleitungen der Kommission und ca. 125 Entschließungen des Europäischen Parlaments. Förmlich zugeleitete Dokumente durchlaufen im Bundestag zunächst ein Priorisierungsverfahren, das eine Konzentration auf politisch bedeutsame Vorhaben ermöglichen soll. Bei der Vorbereitung der Entscheidung, welchen Ausschüssen ein Dokument federführend oder mitberatend überwiesen werden soll, wird die Beratungsrelevanz des Dokuments durch die Bundestagverwaltung in Abstimmung mit den Fraktionen bewertet (Priorisierung). Danach legt der Vorsitzende des Ausschusses für die Angelegenheiten der Europäischen Union dem Präsidenten einen entsprechenden Überweisungsvorschlag vor.

Grundsätzlich sind alle Ausschüsse im Rahmen ihrer sachlichen Zuständigkeit für die Beratung europäischer Angelegenheiten zuständig. Der EU-Ausschuss befasst sich in seiner Funktion als Integrations- und Querschnittsausschuss sowohl mit Grundsatzfragen der europäischen Integration als auch mit europäischen Vorhaben, die mehrere unterschiedliche Politikfelder berühren.

Die Intensität der Beratung von Unionsdokumenten ist unterschiedlich. Entwürfe wichtiger Verordnungen und Richtlinien werden in den Ausschüssen ausführlich erörtert unter Hinzuziehung der zuständigen Regierungsvertreter und immer häufiger auch von Mitgliedern oder zumindest Vertretern der Europäischen Kommission. An Bedeutung gewonnen hat auch der interparlamentarische Austausch über herausgehobene EU-Vorhaben, z. B. in Form gemeinsamer Sitzungen der Ausschüsse der nationalen Parlamente und des Europäischen Parlaments. Zudem tauschen sich die nationalen Parlamente der EU-Mitgliedstaaten über die gemeinsam mit dem Europäischen Parlament betriebene elektronische Plattform IPEX (www.ipex.eu) aus, um sich gegenseitig über den Stand der Beratungen von EU-Vorlagen, einschließlich eventueller Bedenken hinsichtlich der Einhaltung des Subsidiaritätsprinzips, zu informieren.

Die zuständigen Ausschüsse können auch Unionsdokumente, die ihnen nicht oder noch nicht überwiesen worden sind, zum Verhandlungsgegenstand erklären. Wollen sie eine Beschlussempfehlung für eine Stellungnahme nach Art. 23 Abs. 2 oder 3 GG abgeben, muss die EU-Vorlage jedoch förmlich überwiesen werden. Die Ausschüsse können ihren Beratungen und einer Beschlussempfehlung auch ein Folgedokument zu dem ihnen überwiesenen Unionsdokument zugrunde legen. Ebenso kann ein federführender Ausschuss wiederholt eine Beschlussempfehlung vorlegen, insbesondere um neueren Entwicklungen Rechnung zu tragen.

Die Ausschussberatungen werden in der Mehrzahl der Fälle mit der Kenntnisnahme der EU-Vorlage abgeschlossen. Legt der federführende

Ausschuss dem Plenum jedoch eine Beschlussempfehlung vor, kann der Bundestag auf deren Grundlage einen Beschluss (Stellungnahme) fassen.

Mit Stellungnahmen gegenüber der Bundesregierung hat der Bundestag die Möglichkeit, auf die Verhandlungsposition der Bundesregierung einzuwirken, die gemeinsam mit den Regierungen der anderen EU-Mitgliedstaaten Entscheidungen im Rat trifft. Grundsätzlich kann der Bundestag zu allen Vorhaben der EU Stellungnahmen abgeben. Die Bundesregierung hat diese ihren Verhandlungen zugrunde zu legen und fortlaufend über die Berücksichtigung der Stellungnahme in den Verhandlungen zu berichten (§ 8 Abs. 2 EUZBBG). Der Bundestag erhält so Gelegenheit, seine Stellungnahme im Verlauf der oft lang dauernden Beratung eines Vorhabens auf der Ebene der EU anzupassen und zu ergänzen.

Eine weitergehende Bindung der Bundesregierung besteht bei Stellungnahmen des Bundestages zu Rechtsetzungsakten wie z. B. Verordnungen und Richtlinien (§ 8 Abs. 4 EUZBBG): die Bundesregierung muss im Rat einen Parlamentsvorbehalt einlegen, wenn der Beschluss des Bundestages in einem seiner wesentlichen Belange nicht durchsetzbar ist. Der Bundestag ist hierüber in einem gesonderten Bericht zu informieren. Vor der abschließenden Entscheidung im Rat ist die Bundesregierung gehalten, sich um Einvernehmen mit dem Bundestag zu bemühen. Aus wichtigen außen- oder integrationspolitischen Gründen kann die Bundesregierung abweichende Entscheidungen treffen. Sie ist in jedem Fall verpflichtet, den Bundestag unverzüglich über die Durchsetzung seiner Stellungnahme und die Gründe für etwaige Abweichungen schriftlich zu unterrichten – auf Verlangen eines Viertels der Mitglieder des Bundestages auch im Rahmen einer Plenardebatte. Vor der Aufnahme von Verhandlungen über einen EU-Beitritt und zu Änderungen der vertraglichen Grundlagen der EU sowie vor Beschlüssen des Rates zur Einführung des Euro in einem Mitgliedstaat soll die Bundesregierung Einvernehmen mit dem Bundestag herstellen, ein Bemühen reicht in diesen Fällen nicht aus (§§ 9 und 9a EUZBBG).

Besondere Rechte bei Stellungnahmen sind dem Ausschuss für die Angelegenheiten der Europäischen Union eingeräumt. Er hat gegenüber den anderen Fachausschüssen insoweit eine herausgehobene Funktion, als er im Einzelfall vom Bundestag ermächtigt werden kann, dessen Rechte aus Art. 23 des Grundgesetzes gegenüber der Bundesregierung wahrzunehmen. Im Falle einer solchen Ermächtigung hat er vor der Abgabe einer Stellungnahme gegenüber der Bundesregierung zu dem Unionsdokument eine Stellungnahme der beteiligten Ausschüsse einzuholen. Will er von der Stellungnahme eines oder mehrerer Ausschüsse abweichen, soll eine gemeinsame Sitzung mit den beteiligten Ausschüssen anberaumt werden. Auch ohne eine Ermächtigung durch das Plenum kann der EU-Ausschuss die Rechte des Bundestages gegenüber der Bundesregierung wahrnehmen, sofern nicht einer der beteiligten Ausschüsse widerspricht. Das Recht des Bundestages, über eine Angelegenheit der Europäischen Union jederzeit selbst zu beschließen, bleibt unberührt. Zudem ist der EU-Ausschuss berechtigt, in Angelegenheiten, in denen er nur mitberatend zuständig ist, für die Plenarberatung Änderungsanträge zur Beschlussempfehlung des federführenden Ausschusses zu stellen.

► Mitwirkungsrechte nach dem Integrationsverantwortungsgesetz

Um seiner Integrationsverantwortung gerecht zu werden, hat der Bundestag bei weiteren Integrationsschritten besondere Mitwirkungsrechte. Bei Änderungen des EU-Vertragsrechts, einer Ausweitung europäischer Gesetzgebungskompetenzen und Änderungen im EU-Abstimmungsverfahren ist die vorherige Zustimmung des Bundestages in Form eines Gesetzes oder Beschlusses notwendig. Im Einzelnen sieht das Integrationsverantwortungsgesetz (IntVG) Folgendes vor:

Nach § 2 IntVG ist ein Zustimmungsgesetz gemäß Art. 23 Abs. 1 GG erforderlich für das vereinfachte Vertragsänderungsverfahren gemäß Art. 48 Abs. 6 des Vertrages über die Europäische Union (EUV), welches Änderungen unter anderem im Bereich des Binnenmarktes, der Wirtschafts- und Währungspolitik und der Beschäftigungspolitik gestattet. Bei einer Reihe von besonderen Vertragsänderungsverfahren, die auf einen bestimmten Bereich beschränkt sind, ist ebenfalls ein Zustimmungsgesetz gemäß Art. 23 Abs. 1 GG erforderlich (§ 3 IntVG). Bei der allgemeinen Brückenklausel in Art. 48 Abs. 7 EUV, die eine Änderung der Abstimmungsmodalitäten im Rat oder einen Wechsel des anzuwendenden Gesetzgebungsverfahrens ermöglicht, setzt bereits die Zustimmung des deutschen Vertreters im Europäischen Rat bzw. Rat ein Gesetz gemäß Art. 23 Abs. 1 GG voraus (§ 4 IntVG). Gleiches gilt gemäß § 7 IntVG bei den Kompetenzerweiterungsklauseln, die eine inhaltliche Ausweitung der Zuständigkeiten der EU ermöglichen, ohne dass es einer Änderung der Verträge bedarf. Mit der Flexibilitätsklausel gemäß Art. 352 AEUV können die bestehenden Zuständigkeiten der EU zielgebunden abgerundet werden. Nach § 8 IntVG erfordert dies ebenfalls ein Gesetz auf der Grundlage des Art. 23 Abs. 1 GG.

Hingegen genügt ein Beschluss des Bundestages für die Zustimmung des deutschen Vertreters im Europäischen Rat bzw. Rat zur Anwendung von besonderen Brückenklauseln, die auf bestimmte Politiken bezogen sind (§§ 5 Abs. 1, 6 Abs. 1 IntVG). Zusätzlich ist ein Beschluss des Bundesrates erforderlich, wenn Belange der Länder betroffen sind (§§ 5 Abs. 2, 6 Abs. 2 IntVG). Der Bundestag kann, ebenso wie der Bundesrat in bestimmten Fällen, den deutschen Vertreter im Rat durch Beschluss anweisen, den sogenannten Notbremsemechanismus anzuwenden (§ 9 IntVG). Dieses Verfahren erlaubt es einem Mitglied des Rates den Europäischen Rat anzurufen, wenn es durch einen geplanten Rechtsakt grundlegende Aspekte seiner Strafrechtsordnung oder seines Systems der sozialen Sicherheit berührt sieht.

Seit dem Inkrafttreten des Vertrages von Lissabon hat der Bundestag auch die Möglichkeit, sich mit einer begründeten Stellungnahme, der sogenannten Subsidiaritätsrüge (§ 11 IntVG), unmittelbar an die zuständigen Organe der EU zu wenden. Nach dem Subsidiaritätsprinzip darf die EU nur tätig werden, sofern und soweit die Ziele der in Betracht gezogenen Maßnahmen auf der Ebene der Mitgliedstaaten nicht ausreichend verwirklicht, sondern wegen ihres Umfangs und ihrer Wirkungen besser auf Gemeinschaftsebene erreicht werden können. Die nationalen Parlamente können innerhalb von acht Wochen, nachdem ein Gesetzgebungsvorschlag in allen Amtssprachen der EU übermittelt wurde, in einer begründeten Stellungnahme darlegen, weshalb dieser Entwurf ihres Erachtens nicht mit dem Subsidiaritätsprinzip vereinbar ist. Kommt mindestens ein Drittel der Parlamente in ihren Stellungnahmen zu dem Ergebnis, dass der Entwurf unvereinbar mit dem Subsidiaritätsprinzip ist, muss die Europäische Kommission den Gesetzgebungsvorschlag überprüfen (sog. gelbe Karte) und gegebenenfalls überarbeiten oder zurückziehen. Betrifft der Entwurf die polizeiliche und justizielle Zusammenarbeit in Strafsachen, beträgt diese Schwelle nur ein Viertel. Tragen hingegen mehr als die Hälfte der Parlamente Subsidiaritätsbedenken vor (sog. orange Karte) und beschließt die Kommission gleichwohl, an ihrem Vorschlag festzuhalten, kann ein Entwurf im ordentlichen Gesetzgebungsverfahren mit 55 Prozent der Stimmen im Rat der EU oder mit einfacher Mehrheit im Europäischen Parlament gestoppt werden.

Die Ausschüsse prüfen im Rahmen ihrer federführenden oder mitberatenden Zuständigkeit für die ihnen überwiesenen Unionsdokumente auch die Einhaltung der Grundsätze der Subsidiarität und Verhältnismäßigkeit (§ 11 IntVG, § 93a Abs. 1 GO-BT). Wird beabsichtigt, insoweit eine Verletzung zu rügen, ist unverzüglich der Ausschuss für die Angelegenheiten der Europäischen Union zu informieren, um diesem zunächst Gelegenheit zur Stellungnahme zu geben. Beabsichtigt der federführende Ausschuss nur eine Kenntnisnahme, ist dennoch dem Bundestag zu berichten, falls der Ausschuss für die Angelegenheiten der Europäischen Union Bedenken wegen einer Verletzung der Grundsätze der Subsidiarität und Verhältnismäßigkeit geltend macht. Die Subsidiaritätsrüge beschließt der Bundestag in Form einer Stellungnahme, die der Bundestagspräsident den Präsidenten des Europäischen Parlaments, des Rates und der Europäischen Kommission übermittelt.

Gegen einen bereits erlassenen Rechtsakt kann der Bundestag eine Subsidiaritätsklage beim Europäischen Gerichtshof erheben (§ 12 IntVG, § 93d GO-BT); auf Antrag eines Viertels seiner Mitglieder (18. Wahlperiode: von 120 seiner Mitglieder) ist er hierzu verpflichtet. Auf Antrag eines Viertels seiner Mitglieder (18. Wahlperiode: von 120 seiner Mitglieder), die die Klageerhebung nicht unterstützen, ist wiederum deren Auffassung in der Klageschrift deutlich zu machen.

▶ Mitwirkungsrechte im Rahmen des Europäischen Stabilitätsmechanismus (ESM)

Zur Bewältigung der Finanz- und Wirtschaftskrise in den Ländern der Währungsunion wurden neue Instrumente der Eurostabilisierung und der wirtschafts- und finanzpolitischen Koordinierung geschaffen. Der 2010 eingerichtete, nur temporär angelegte „Eurorettungsschirm", bestehend aus der Europäischen Finanzstabilisierungsfazilität (EFSF) und dem Europäischen Finanzstabilisierungsmechanismus (EFSM), wurde im Oktober 2012 um den Europäischen Stabilitätsmechanismus (ESM) ergänzt. Der ESM, der dauerhaft zur Stabilisierung des Euro-Währungsgebiets beitragen soll, arbeitete zunächst parallel zu EFSF und EFSM und löste ab Mitte 2013 die beiden Einrichtungen ab. Die Gewährung von Finanzhilfen durch den ESM ist eng verbunden mit dem im Jahr 2013 in Kraft getretenen Vertrag über Stabilität, Koordinierung und Steuerung in der Wirtschafts- und Währungsunion (Fiskalvertrag), der Regeln zur Einhaltung der Haushaltsdisziplin festlegt und Maßnahmen der wirtschaftspolitischen Koordinierung und Steuerung des Euroraums einführt.

Der ESM-Vertrag ist ein völkerrechtlicher Vertrag, der in einem Ergänzungs- und besonderen Näheverhältnis zum Recht der EU steht und in den Anwendungsbereich des Art. 23 Abs. 2 GG fällt. Die besonderen Mitwirkungsrechte des Deutschen Bundestages in Angelegenheiten des ESM sind im ESM-Finanzierungsgesetz (ESMFinG) geregelt. Die allgemeinen Rechte des Bundestages nach dem EUZBBG bleiben in Angelegenheiten des ESM unberührt; so gelten §§ 3 und 4 EUZBBG auch für die generelle Unterrichtung des Bundestages bezüglich des ESM.

Der Deutsche Bundestag nimmt in Angelegenheiten des Europäischen Stabilitätsmechanismus seine Verantwortung für den Haushalt und für den Bestand und die Fortentwicklung der Stabilität der Wirtschafts- und Währungsunion wahr. Die konkrete Form der Beteiligung des Bundestages bzw. seiner Gremien hängt von der Bedeutung der zu treffenden Entscheidung ab:

Die grundlegenden Entscheidungen über die Gewährung einer Finanzhilfe zugunsten eines ESM-Mitglieds, über die Annahme einer Vereinbarung über Finanzhilfen sowie über eine Veränderung des genehmigten Stammkapitals des ESM berühren die haushaltspolitische Gesamtverantwortung des Bundestages und können nur vom Parlament als Ganzes getroffen werden (§ 4 ESMFinG). Die Bundesregierung darf einem Beschlussvorschlag in solchen ESM-Angelegenheiten durch ihren Vertreter nur zustimmen oder sich bei einer Beschlussfassung enthalten, nachdem das Plenum hierzu einen zustimmenden Beschluss gefasst hat.

In allen sonstigen die Haushaltsverantwortung des Deutschen Bundestages berührenden ESM-Angelegenheiten ist der Haushaltsausschuss zu beteiligen (§ 5 ESMFinG). Im Rahmen seiner haushaltspolitischen Verantwortung überwacht er die Vorbereitung und Durchführung der Vereinbarungen über Stabilitätshilfen. Seiner vorherigen Zustimmung bedürfen unter anderem Beschlüsse über die Annahme oder wesentliche Änderungen der Leitlinien für die Durchführungsmodalitäten einer Finanzhilfe. Ohne einen zustimmenden Beschluss des Haushaltsausschusses muss der deutsche Vertreter den Beschlussvorschlag in den ESM-Gremien ablehnen. Darüber hinaus hat der Haushaltsausschuss das Recht zur Stellungnahme; dies gilt insbesondere bei Beschlüssen über die Auszahlung einzelner Tranchen der gewährten Stabilitätshilfe. Das Plenum des Deutschen Bundestages kann die Befugnisse des Haushaltsausschusses jederzeit durch einen mit einfacher Mehrheit gefassten Beschluss an sich ziehen und ausüben.

Beim Aufkauf von Staatsanleihen auf dem Sekundärmarkt kann aus Gründen der Vertraulichkeit ein kleines Sondergremium, bestehend aus Mitgliedern des Haushaltsausschusses, ausnahmsweise im Einzelfall für den Bundestag dessen Beteiligungsrechte wahrnehmen, solange das Vertraulichkeitserfordernis besteht (§ 6 ESMFinG).

§ 7 ESMFinG sieht umfangreiche Unterrichtungsrechte vor, die neben denen des EUZBBG bestehen und speziell für die Angelegenheiten des ESM gelten.

Die Beteiligung des Bundestages in zwei besonderen Fällen regelt Art. 2 des Zustimmungsgesetzes zum ESM vom 13. September 2012: Bei Beschlüssen zur Erhöhung des ESM-Stammkapitals und zur Änderung der Liste der ESM-Finanzhilfeinstrumente ist jeweils eine Ermächtigung durch ein Bundesgesetz erforderlich.

▶ Mitwirkung gegenüber den EU-Organen

Neben der oben (S. 83 f.) beschriebenen Subsidiaritätsrüge und der Subsidiaritätsklage hat der Bundestag weitere Möglichkeiten, sich unmittelbar an ein Organ der Europäischen Union zu wenden:

So kann er eine Stellungnahme zu Entwürfen von Gesetzgebungsakten sowie zu anderen Angelegenheiten von besonderem Interesse an die Europäische Kommission richten. Eine solche Stellungnahme, die im üblichen bundestagsinternen Verfahren zustande kommt, wird im Rahmen des politischen Dialogs ohne unmittelbare rechtliche Folgen abgegeben. Grundlage ist die Selbstverpflichtung der Kommission aus dem Jahre 2006, die vorgebrachten Argumente der nationalen Parlamente, die sich auf alle denkbaren politischen und rechtlichen Aspekte, auch Subsidiaritätsbedenken, beziehen können, im Vorfeld bzw. im frühen Stadium von Gesetzgebungsakten zu berücksichtigen. Ein Austausch über aktuelle Vorhaben und Initiativen findet auch im Rahmen auswärtiger Ausschusssitzungen und Delegationsreisen nach Brüssel, bei interparlamentarischen Treffen oder bei der Teilnahme von Vertretern der Kommission an den Sitzungen der Bundestagsausschüsse in Berlin statt.

Daneben ist es ständige Praxis der Europäischen Kommission, zu Grün- und Weißbüchern, in denen Grundlinien und Fragestellungen für einen geplanten Gesetzgebungsvorschlag vorgestellt werden, eine öffentliche Konsultation durchzuführen, um die Meinung von Experten, Behörden, der nationalen Parlamente und der Öffentlichkeit einzuholen. Eine Stellungnahme zu einer Konsultation kann nicht nur der Bundestag abgeben; auch den Fraktionen und allen Abgeordneten steht es frei, sich in diesem

Rahmen mit einer eigenen Stellungnahme unmittelbar gegenüber der Kommission zu äußern.

▶ Interparlamentarische Zusammenarbeit in der Europäischen Union

Das Europäische Parlament und die nationalen Parlamente praktizieren verschiedene Formen der Zusammenarbeit:

Auf Initiative des Europäischen Parlaments finden seit vielen Jahren in verschiedenen Formaten Treffen der Parlamente und der Ausschüsse in Brüssel statt. Interparlamentarische Treffen behandeln meist übergreifende Themen, während die Ausschüsse in gemeinsamen Sitzungen spezifische Fachthemen oder konkrete Gesetzgebungsvorhaben beraten. Daneben lädt auch das Parlament, das die jeweils sechsmonatige Ratspräsidentschaft innehat, zu Veranstaltungen zur Beratung von EU-Themen auf der Ebene der Ausschussvorsitzenden ein.

Zur Stärkung der parlamentarischen Kontrolle im Bereich der GASP/GSVP haben die nationalen Parlamente und das Europäische Parlament im Jahr 2012 die Interparlamentarische Konferenz für die Gemeinsame Außen- und Sicherheitspolitik und die Gemeinsame Sicherheits- und Verteidigungspolitik gegründet. Sie tritt zweimal im Jahr zusammen und bietet den Rahmen für den Austausch von Informationen und bewährten Verfahren in den Bereichen der Außen-, Sicherheits- und Verteidigungspolitik.

Zweimal im Jahr tritt auch die Konferenz gemäß Art. 13 Fiskalvertrag zusammen. Sie dient als interparlamentarisches Forum zur Beratung von Fragen der Wirtschafts-, Finanz- und Haushaltspolitik sowie dem Meinungsaustausch über weitere vom Fiskalvertrag erfasste Themen.

Die Konferenz der Parlamentspräsidenten der EU-Mitgliedstaaten (EU-PPK), die den Präsidenten des Europäischen Parlaments einschließt, hat zum Ziel, die Rolle der Parlamente in den Angelegenheiten der EU zu stärken. Die jährlich stattfindende Konferenz dient dem Austausch über europäische Themen, die für die nationalen Parlamente und die interparlamentarische Zusammenarbeit von besonderer Bedeutung sind.

Die Konferenz der Ausschüsse für Gemeinschafts- und Europa-Angelegenheiten der Parlamente der Europäischen Union (COSAC) wurde 1989 gegründet. Ihre halbjährlichen Treffen, an denen der EU-Ausschuss des

Bundestages gemeinsam mit dem Bundesrat mit einer Delegation teilnimmt, dienen dem Austausch von Informationen und bewährten Praktiken zwischen den nationalen Parlamenten und dem Europäischen Parlament auf Ausschussebene.

Mitgliedschaft und Mitwirkungsrechte des Bundestages in gemischten Institutionen

Um das Bild der vielfältigen Funktionen des Bundestages abzurunden, sind noch diejenigen Körperschaften und Institutionen zu erwähnen, in denen nach Grundgesetz, gesetzlichen und satzungsrechtlichen Vorschriften oder völkerrechtlichen Verträgen Beauftragte des Bundestages in unterschiedlicher Weise mitwirken bzw. von ihm bestimmt werden.

▶ Die Bundesversammlung

An erster Stelle steht hier die Bundesversammlung. Dieses Verfassungsorgan tritt im Normalfall nur alle fünf Jahre und auch dann nur für wenige Stunden zusammen, um seine einzige Aufgabe zu erfüllen, den Bundespräsidenten zu wählen (Art. 54 GG). Die Bundesversammlung besteht aus den Mitgliedern des Bundestages und einer gleichen Zahl von Mitgliedern, die von den Volksvertretungen der Länder gewählt werden, ohne selbst Mitglieder ihres Landesparlaments sein zu müssen. Die Zusammensetzung der Bundesversammlung entspricht also am Tage der Wahl des Bundespräsidenten zur einen Hälfte den politischen Stärkeverhältnissen im Bundestag und zur anderen Hälfte der Stärke der Parteien in den Landesparlamenten. Die 15. Bundesversammlung, die am 18. März 2012 zusammentrat und Joachim Gauck zum Bundespräsidenten wählte, umfasste 1240 Mitglieder: 620 Mitglieder des Bundestages und 620 Delegierte der Landesparlamente. Die Zahl der von den einzelnen Landesparlamenten zu wählenden Mitglieder der Bundesversammlung bestimmt sich nach den Bevölkerungszahlen der Länder.

Die Bundesversammlung wird vom Präsidenten des Bundestages einberufen, der auch ihren Vorsitz innehat.

Der Bundespräsident wird von der Bundesversammlung ohne Aussprache gewählt. Wählbar ist jeder Deutsche, der das 40. Lebensjahr vollendet hat.

Vorschlagsberechtigt ist jedes Mitglied der Bundesversammlung. Diese Vorschriften beschreiben jedoch nicht die politische Wirklichkeit der Nominierung der Kandidatin oder des Kandidaten. Vielmehr schließen sich die derselben Partei angehörenden Mitglieder der Bundesversammlung zu Fraktionen zusammen, und diese unterbreiten der Versammlung ihre Wahlvorschläge nach sorgfältigen, dem obersten Staatsamt angemessenen Überlegungen. Gewählt ist, wer die Stimmen der Mehrheit aller Mitglieder der Bundesversammlung erhält. Wird diese Mehrheit in zwei Wahlgängen von keinem Bewerber erreicht, so ist gewählt, wer in einem weiteren Wahlgang die meisten Stimmen auf sich vereinigt (Art. 54 Abs. 6 GG). Der Bundestagspräsident gibt das Ergebnis der Stimmenauszählung bekannt und fragt die gewählte Person, ob sie die Wahl annimmt. Nach einer kurzen Ansprache der oder des Gewählten erklärt der Bundestagspräsident die Bundesversammlung für beendet; ihre Aufgabe ist erfüllt.

▶ Der Gemeinsame Ausschuss

Ein wenig bekanntes, weil in Friedenszeiten fast funktionsloses und ohne Wahrnehmung durch die Öffentlichkeit tagendes Verfassungsorgan ist der Gemeinsame Ausschuss. Es handelt sich um ein den Bundestag und den Bundesrat ersetzendes Notparlament, wenn im Verteidigungsfall der Bundestag nicht mehr zusammentreten kann (Art. 53a i.V.m. Art. 115a, 115e GG). Seine Mitgliederzahl knüpft an die Zahl der Bundesländer an. Je einem Vertreter eines Bundeslandes steht eine doppelt so große Anzahl von Mitgliedern des Bundestages gegenüber; diese werden vom Bundestag entsprechend dem Stärkeverhältnis der Fraktionen bestimmt. Der Gemeinsame Ausschuss setzt sich somit aus 16 Ländervertretern und 32 Mitgliedern des Bundestages zusammen.

Vorsitzender des Gemeinsamen Ausschusses ist der Bundestagspräsident, sein Vertreter ein zu bestimmendes Mitglied des Bundesrates. Der Gemeinsame Ausschuss fasst seine Beschlüsse mit einfacher Mehrheit, so dass die Bundestagsvertreter bei geschlossener Abstimmung den Bundesrat stets überstimmen können. Eine Beschlusskompetenz steht ihm in Friedenszeiten nicht zu. Die Bundesregierung hat den Gemeinsamen Ausschuss über ihre Planungen für den Verteidigungsfall zu unterrichten.

▶ Der Vermittlungsausschuss

Art. 77 GG sieht den Vermittlungsausschuss als ein zwischen Bundestag und Bundesrat angesiedeltes Organ vor. Seine Aufgabe besteht darin, bei gesetzgeberischen Konflikten zwischen Bundestag und Bundesrat nach Kompromisslösungen zu suchen, sofern er von einem der genannten Verfassungsorgane angerufen wird.

Der Vermittlungsausschuss besteht aus 16 Mitgliedern des Bundesrates und ebenso vielen des Bundestages, die entsprechend den Fraktionsstärken gewählt sind. Sein Verfahren wird durch die „Gemeinsame Geschäftsordnung des Bundestages und des Bundesrates für den Ausschuss nach Artikel 77 des Grundgesetzes (Vermittlungsausschuss)" geregelt. Nähere Einzelheiten siehe Seite 134ff. „Das Vermittlungsverfahren".

▶ Der Richterwahlausschuss

Zur Gruppe der „gemischten" Gremien, deren Mitglieder gleichermaßen vom Bundestag und vom Bundesrat berufen werden, gehört auch der Richterwahlausschuss zur Wahl der Richterinnen und Richter der obersten Gerichtshöfe des Bundes (Bundesgerichtshof, Bundesverwaltungsgericht, Bundesarbeitsgericht, Bundesfinanzhof, Bundessozialgericht). Das Richterwahlgesetz sieht einen Richterwahlausschuss vor, der aus 16 Landesministern und einer gleichen Zahl von Mitgliedern, die vom Bundestag gewählt sind, besteht; im Gegensatz zum Wahlausschuss zur Wahl der Bundesverfassungsrichterinnen und Bundesverfassungsrichter (s. S. 59) brauchen die vom Bundestag zu wählenden Mitglieder des Richterwahlausschusses nicht Mitglieder des Bundestages zu sein; sie müssen aber im Rechtsleben erfahren sein. Der für den jeweiligen Gerichtshof zuständige Bundesminister führt, ohne selbst Stimmrecht zu besitzen, den Vorsitz. Auch für die Mitglieder der Landesregierungen gilt das Ressortprinzip, d.h., diejenigen Landesministerinnen und Landesminister gehören jeweils dem Richterwahlausschuss an, zu deren Geschäftsbereich die im Instanzenzug untergeordneten Gerichte des Landes gehören; z.B. wirken bei der Wahl von Richtern des Bundesarbeitsgerichts die jeweiligen Arbeitsministerinnen und Arbeitsminister der 16 Bundesländer mit.

Der Richterwahlausschuss entscheidet in geheimer Abstimmung über die Vorschläge. Stimmt der zuständige Bundesminister zu, so hat er beim Bundespräsidenten die Ernennung der Gewählten zu beantragen. Der

Bundespräsident fertigt dann für die neuen Bundesrichter und Bundesrichterinnen die Ernennungsurkunden aus.

▶ Mitgliedschaft in Exekutivgremien

Auf Grund gesetzlicher oder satzungsrechtlicher Vorschriften entsendet oder beruft der Bundestag Mitglieder in eine Reihe von Steuerungs- bzw. Kontrollgremien der Exekutive. Diese Mitglieder kommen zum Teil aus den Reihen des Bundestages, zum Teil aus anderen Bereichen des öffentlichen Lebens. Der Bundestag bestellt:

- 16 Mitglieder des Deutschen Bundestages als Mitglieder des 32-köpfigen Beirats bei der Bundesnetzagentur für Elektrizität, Gas, Telekommunikation, Post und Eisenbahnen sowie 16 Stellvertreter;
- neun Mitglieder des Deutschen Bundestages als Mitglieder des Eisenbahninfrastrukturbeirats sowie neun Stellvertreter;
- vier Mitglieder des Deutschen Bundestages des höchstens 14-köpfigen Beirats zur Auswahl von Themen für die Sonderpostwertzeichen ohne Zuschlag beim Bundesministerium der Finanzen (Programmbeirat) sowie vier Stellvertreter;
- zwei Mitglieder des Deutschen Bundestages als Mitglieder des höchstens 12-köpfigen Beirats für die grafische Gestaltung der Sonderpostwertzeichen beim Bundesministerium der Finanzen (Kunstbeirat) sowie zwei Stellvertreter;
- drei Mitglieder des 33-köpfigen Verwaltungsrates der Filmförderungsanstalt sowie drei Stellvertreter;
- ein Mitglied der 11-köpfigen Vergabekommission der Filmförderungsanstalt sowie ein stellvertretendes Mitglied;
- zwei Mitglieder des Beirats der Schlichtungsstelle für den öffentlichen Nahverkehr;
- sieben Mitglieder des Deutschen Bundestages als Mitglieder des 30-köpfigen Verwaltungsrats der Kreditanstalt für Wiederaufbau;
- zwei Mitglieder des 17-köpfigen Rundfunkrates der „Deutschen Welle" und zwei Stellvertreter;
- ein Mitglied des 7-köpfigen Verwaltungsrates der „Deutschen Welle" sowie ein stellvertretendes Mitglied;

- acht Mitglieder des Deutschen Bundestages als Mitglieder des 32-köpfigen Kuratoriums der Stiftung „Haus der Geschichte der Bundesrepublik Deutschland" und acht Stellvertreter;
- fünf Mitglieder des 20-köpfigen Kuratoriums der „Stiftung Archiv der Parteien und Massenorganisationen der DDR" sowie fünf Stellvertreter;
- zwei Mitglieder des Deutschen Bundestages als Mitglieder des 6-köpfigen Parlamentarischen Beirats der „Stiftung für das sorbische Volk" sowie zwei Stellvertreter;
- acht Mitglieder des 17-köpfigen Beirats beim Bundesbeauftragten für die Unterlagen des Staatssicherheitsdienstes der ehemaligen DDR;
- neun Mitglieder des Wissenschaftlichen Beratungsgremiums gemäß § 39a des Stasi-Unterlagen-Gesetzes;
- ein Mitglied des Deutschen Bundestages als Mitglied des 15-köpfigen Stiftungsrats der „Stiftung CAESAR" (Centre of Advanced European Studies and Research);
- drei Mitglieder des Deutschen Bundestages als Mitglieder des 15-köpfigen Stiftungsrats der „Deutschen Stiftung Friedensforschung (DSF)";
- zwei Mitglieder des Deutschen Bundestages als Mitglieder des 22-köpfigen Senats des Vereins „Hermann von Helmholtz – Gemeinschaft Deutscher Forschungszentren e.V.";
- fünf Mitglieder des Deutschen Bundestages als Mitglieder des 17-köpfigen Verwaltungsrats bei der „Bundesanstalt für Finanzdienstleistungsaufsicht" sowie fünf Stellvertreter;
- zwei der zwölf stimmberechtigten Mitglieder des Kuratoriums „Wissenschaftszentrum Berlin für Sozialforschung";
- zwei Mitglieder des 9-köpfigen Stiftungsrats der „Stiftung Humanitäre Hilfe für durch Blutprodukte HIV-infizierte Personen";
- fünf Mitglieder des 27-köpfigen Kuratoriums der Stiftung „Erinnerung, Verantwortung und Zukunft" sowie fünf Stellvertreter;
- vier Mitglieder des Stiftungsrates der „Stiftung Flucht, Vertreibung, Versöhnung" sowie vier Stellvertreter;
- drei Mitglieder des 14-köpfigen Stiftungsrates der „Kulturstiftung des Bundes" sowie drei Stellvertreter;

- ein Mitglied des Deutschen Bundestages als Mitglied des 14-köpfigen Verwaltungsrates des Deutsch-Französischen Jugendwerkes sowie ein Stellvertreter.

Außerdem bestellt der Deutsche Bundestag Mitglieder in folgenden Gremien:

- Kuratorium der „Stiftung Denkmal für die ermordeten Juden Europas":
  Mitglieder: Der Präsident des Deutschen Bundestages sowie je ein Mitglied des Deutschen Bundestages pro angefangene 100 Mitglieder der im Deutschen Bundestag vertretenen Fraktionen.

- Stiftungsrat der „Stiftung zur Aufarbeitung der SED-Diktatur":
  Die Zahl der Mitglieder richtet sich nach der zum Zeitpunkt der Wahl bestehenden Zahl der Fraktionen: je Fraktion ein Mitglied und ein Stellvertreter, die Bundestagsabgeordnete sein müssen, und ein Mitglied und ein Stellvertreter, die nicht Abgeordnete zu sein brauchen.

Der Präsident des Deutschen Bundestages beruft die 26 Mitglieder des Deutschen Ethikrates je zur Häfte auf Vorschlag des Deutschen Bundestages und der Bundesregierung.

Daneben existieren eine Vielzahl weiterer Gremien, zu denen der Bundestagspräsident auf Vorschlag der Fraktionen bzw. die Fraktionen im Deutschen Bundestag unmittelbar Mitglieder entsenden. Diese wirken dort meist neben Vertretern anderer Organisationen und gesellschaftlichen Gruppen bei der Erfüllung der Aufgaben der jeweiligen Gremien mit. Die aufgeführten Teilnahme- und Mitwirkungsrechte machen die vielfältigen Einflüsse des Bundestages im gesellschaftlichen und vorpolitischen Raum deutlich.

Internationale Parlamentarische Versammlungen

Der Bundestag wählt für die Dauer seiner Wahlperiode aus seiner Mitte 18 Mitglieder und 18 stellvertretende Mitglieder in die Parlamentarische Versammlung des Europarats. Der 1949 gegründete Europarat ist die älteste zwischenstaatliche Organisation Europas. Seine Ziele sind der Schutz der Menschenrechte, der Demokratie und der Rechtsstaatlichkeit. Im Laufe der Jahre wurden über 200 Konventionen, überwiegend im Bereich der Menschenrechte, verabschiedet. Die Parlamentarische Versammlung, das beratende Organ des Europarates, setzt sich aus Vertretern der nationalen Parlamente der 47 Mitgliedstaaten zusammen. Sie wählt u.a. den Generalsekretär des Europarats und die Richter am Europäischen Gerichtshof für Menschenrechte.

Mitglieder des Bundestages nehmen auch an den Beratungen der Parlamentarischen Versammlung der NATO teil. Diese Versammlung, 1955 im Rahmen der Nordatlantischen Bündnisorganisation gegründet, setzt sich zusammen aus Vertretern der inzwischen 28 Mitgliedsparlamente und weiterer 14 assoziierten Mitgliedsparlamenten. Sie befasst sich mit sicherheitsrelevanten, politischen und wirtschaftlichen Fragen des transatlantischen Bündnisses. Ziel der Versammlung ist es, das gegenseitige Verständnis für die Sicherheitsbelange beiderseits des Atlantiks zu fördern und die Arbeit des NATO-Rates zu begleiten. Die deutsche Delegation setzt sich aus 12 Mitgliedern des Bundestages und 6 des Bundesrates zusammen.

Die Parlamentarische Versammlung der Organisation für Sicherheit und Zusammenarbeit in Europa (OSZE PV) wurde 1991 in Madrid als parlamentarisches Gremium der damaligen Konferenz für Sicherheit und Zusammenarbeit in Europa (KSZE) gegründet, die 1995 in Organisation für Sicherheit und Zusammenarbeit umbenannt wurde. Die Versammlung mit Sitz in Kopenhagen zählt 323 Parlamentarier aus 56 Teilnehmerstaaten. Der Deutsche Bundestag ist ein Gründungsmitglied; die deutsche Delegation umfasst 13 Mitglieder.

Die Versammlung sieht ihre Hauptaufgabe darin,

- die Arbeit der OSZE-Exekutive parlamentarisch zu begleiten,
- die Verwirklichung der Ziele der OSZE durch die Mitgliedstaaten zu bewerten, Mechanismen zur Konfliktverhütung und -bewältigung zu entwickeln,

- den Ausbau und die Festigung der demokratischen Institutionen in den OSZE-Teilnehmerstaaten zu unterstützen und durch Wahlbeobachtung von Präsidentschafts- und Parlamentswahlen die Legitimität des Wahlprozesses zu erhöhen.

In mehreren jährlichen Tagungen befasst sich die Versammlung mit OSZE-relevanten Fragestellungen; sie verabschiedet dazu Empfehlungen, die sich an die Regierungen und Parlamente der OSZE-Teilnehmerstaaten sowie an die OSZE-Exekutive richten.

Schließlich entsendet der Bundestag zweimal jährlich Delegationen zu den Versammlungen der Interparlamentarischen Union (IPU), einer im Jahre 1889 gegründeten Vereinigung von Parlamentarierinnen und Parlamentariern aus aller Welt. Die IPU, der heute 163 Mitgliedsparlamente und 10 Assoziierte angehören, setzt sich für Frieden und Zusammenarbeit zwischen den Völkern ein. Daneben ist sie bestrebt, die Schaffung repräsentativer Institutionen im Sinne des rechtsstaatlichen Demokratieverständnisses in allen Teilen der Welt zu fördern und zum Schutz und zur Achtung der Menschenrechte beizutragen. Hierzu wendet sie sich mit Entschließungen an die nationalen Parlamente und Regierungen; ihre Empfehlungen richten sich darüber hinaus oftmals an die internationalen Organisationen im System der Vereinten Nationen.

Die Ostseeparlamentarierkonferenz ist das parlamentarische Forum der Ostseeregion. Sie wurde 1991 mit dem Ziel gegründet, eine gemeinsame Identität innerhalb der Ostseeregion durch eine engere Zusammenarbeit zwischen den nationalen und regionalen Parlamenten zu fördern. Standen zu Beginn umweltpolitische Themen und Fragen der maritimen Sicherheit im Vordergrund, so werden heute auch wirtschafts- und sozialpolitische Fragen ebenso wie Fragen zum Klimawandel und der Energiepolitik von den Teilnehmerstaaten diskutiert. In der deutschen Delegation sind neben fünf Abgeordneten des Deutschen Bundestages auch Abgeordnete der Landtage Schleswig-Holsteins und Mecklenburg-Vorpommerns, der Bremischen Bürgerschaft und der Hamburgischen Bürgerschaft vertreten.

Die 2004 gegründete Parlamentarische Versammlung der Union für den Mittelmeerraum (PV-UfM) will den Gedankenaustausch zwischen den Parlamenten der Mittelmeerregion und der Europäischen Union fördern, der euromediterranen Zusammenarbeit neue Impulse verleihen und den Dialog der Kulturen verstärken. Die PV-UfM war bereits in den so genannten Barcelona-Prozess eingebunden und beteiligt sich derzeit an der

Ausgestaltung der im Jahre 2008 gegründeten Union für den Mittelmeerraum. Der Versammlung gehören 280 Parlamentarier an; Deutschland stehen drei Sitze zu.

Zusammenfassung

Die hier dargestellten innerparlamentarischen Strukturen, Verfahren, Befugnisse und Spielregeln mögen auf den ersten Blick verwirrend erscheinen. Sie sind indes aus langjähriger Erfahrung gewachsen und haben ihren guten Sinn. Allesamt dienen sie dem Ziel, aus der zunächst unstrukturierten Versammlung von rund 600 Abgeordneten ein arbeitsteiliges, arbeitsfähiges und arbeitsökonomisch handelndes Parlament zu machen.

Bei dieser Organisation seiner Arbeit ist das Parlament durch einige wenige Verfassungsbestimmungen und gesetzliche Vorschriften (z.B. Bundeswahlgesetz, Abgeordnetengesetz) eingegrenzt. Im Übrigen steht es dem Bundestag jedoch nach dem Grundsatz der Parlamentsautonomie frei, wie er seine Arbeit organisieren will (Art. 40 GG: Der Bundestag „gibt sich eine Geschäftsordnung"). Als Markierungspunkte, an denen sich die Geschäftsordnung zu orientieren hat, sind anzusehen:

- Das freie Mandat:
  Die Abgeordneten sind bei ihrer parlamentarischen Arbeit an Weisungen von Wählern, Interessengruppen, Parteien, Fraktionen etc. nicht gebunden, auch nicht an eine von ihnen abgegebene Verpflichtungserklärung, ihr Mandat unter bestimmten Voraussetzungen niederzulegen (Art. 38 GG).

- Der Plenarvorbehalt:
  Die Willensbildung des Bundestages kann nur durch Plenarbeschluss erfolgen. Die Tätigkeit der Organe des Bundestages dient nur der Vorbereitung solcher Plenarbeschlüsse. Dies schließt eine laufende Zusammenarbeit der Fachausschüsse mit den zuständigen Bundesministerien nicht aus.

- Der formale Gleichheitsgrundsatz:
  Die im Parlament vertretenen politischen Gruppierungen haben gleiche Wirkungsmöglichkeiten. Unterschiede, die auf der unterschiedlichen Stärke der Gruppierungen beruhen, sind jedoch innerhalb bestimmter Grenzen gerechtfertigt.

Das Paul-Löbe-Haus (oben) mit den Rotunden der Ausschusssitzungssäle und Büros für Abgeordnete und Verwaltung. Das Marie-Elisabeth-Lüders-Haus (unten) beherbergt unter anderem die Parlamentsbibliothek und das Parlamentsarchiv.

Das Reichstagsgebäude im Herzen Berlins.

Der Plenarsaal mit Zuschauertribünen für Öffentlichkeit und Medien.

Blick auf die Regierungsbank.

Die Bundeskanzlerin und die Mitglieder der Bundesregierung werden vor dem Deutschen Bundestag vereidigt. Der Amtseid, der auch ohne religiöse Beteuerung geleistet werden kann, lautet:

„Ich schwöre, dass ich meine Kraft dem Wohle des deutschen Volkes widmen, seinen Nutzen mehren, Schaden von ihm wenden, das Grundgesetz und die Gesetze des Bundes wahren und verteidigen, meine Pflichten gewissenhaft erfüllen und Gerechtigkeit gegen jedermann üben werde. So wahr mir Gott helfe".

Die für die Öffentlichkeit wichtigste Aufgabe des Bundestagspräsidenten und seiner Stellvertreter ist die Leitung der Plenarsitzungen.

Oppositionsarbeit, wie hier im Plenum, bleibt wichtiges Regulativ im parlamentarischen System.

In den Ausschüssen wird wertvolle Sacharbeit geleistet. Die runden Sitzungssäle sind mit modernster Technik ausgestattet.

Abstimmungen im Bundestag, z. B. geheim – nur bei Wahlen von Personen – oder namentlich mittels Stimmkarte.

- Das Mehrheitsprinzip:
  Beschlüsse des Bundestages werden grundsätzlich mit der Mehrheit der abgegebenen Stimmen gefasst, soweit nicht das Grundgesetz Ausnahmen vorsieht oder zulässt (Art. 42 Abs. 2 GG).
- Der Minderheitenschutz:
  Parlamentarischen Minderheiten stehen zur Sicherung ihrer Aktionsmöglichkeiten vielfältige Verfahrensrechte zu, sei es das Recht, Geschäftsordnungsanträge zu stellen, über die abgestimmt werden muss, sei es Verlangen zu äußern, denen inhaltlich entsprochen werden muss (z. B. Einsetzung von Enquete-Kommissionen, Einberufung des Bundestages).
- Das Öffentlichkeitsprinzip:
  Das Plenum des Bundestages muss grundsätzlich öffentlich tagen (Art. 42 Abs. 1 GG). Von der Möglichkeit, die Öffentlichkeit auszuschließen, wurde noch nie Gebrauch gemacht.

Statistik zur Arbeit des Deutschen Bundestages (15./16./17. Wahlperiode)

	15. WP 2002–2005	16. WP 2005–2009	17. WP 2009–2013
Plenarsitzungen	187	233	253
ständige Ausschüsse	21	22	22
Ausschusssitzungen	1562	2728	2600
Untersuchungsausschüsse	2	2	2
Sitzungen der Untersuchungsausschüsse	62	172	227
Enquete-Kommissionen	2	1	2
Enquete-Kommissions-Sitzungen	89	36	51
Eingebrachte Gesetzentwürfe	643	905	844
– davon Bundesregierung	320	537	484
– davon Bundestag	211	264	278
– davon Bundesrat	112	104	82
Verabschiedete Gesetzentwürfe	400	616	553
Selbstständige Anträge	910	1837	1966
durchnummerierte BT-Drucksachen	6016	14158	14838
Petitionen (ohne Masseneingaben)	55264	69937	62899
Große Anfragen	65	63	54
Kleine Anfragen	797	3299	3629
Mündliche Fragen (Fragestunde)	2550	2703	6057
Dringliche Fragen	37	111	107
Schriftliche Fragen	11073	12705	20141
Aktuelle Stunden	71	113	131
Regierungserklärungen	23	34	51
Befragungen der Bundesregierung	42	59	69

2. Die Gesetzgebung des Bundes

Jedes Gemeinwesen braucht feste Regeln, nach denen es bestehen und sich friedlich fortentwickeln kann. Die zahllosen unterschiedlichen Wünsche, Vorstellungen und Interessen der Bürger sollen sich in Freiheit entfalten und verwirklichen können – aber nicht in Freiheit auf Kosten des anderen oder des Schwächeren, sondern in geordnetem Nebeneinander und Miteinander mit dessen Freiheit und dessen Interessen. Also muss es allgemein geltende Regeln geben, bindend für jeden Bürger, bindend aber auch für das Handeln der Behörden.

Welche Regeln sind das, und wer stellt sie auf? Die bedeutendsten davon enthält die Verfassung, bei uns das Grundgesetz für die Bundesrepublik Deutschland. Hier sind die Grundrechte niedergelegt, teils Abwehrrechte gegen staatliche Eingriffe – wie das Recht auf Leben und körperliche Unversehrtheit, auf freie Entfaltung der Persönlichkeit, die Glaubens- und Gewissensfreiheit oder die Freiheit der Wahl und Ausübung des Berufs –, teils politische Mitwirkungsrechte wie Versammlungs- und Vereinigungsfreiheit, Meinungsfreiheit oder Parteienfreiheit. Hier finden sich so wichtige Garantien wie die allgemeine Gleichheit vor dem Gesetz, die Gleichberechtigung von Männern und Frauen und, ganz am Anfang in Artikel 1 Absatz 1 Satz 1 Grundgesetz, die Bindung aller staatlichen Gewalt an die unantastbare Menschenwürde.

Zugleich enthält das Grundgesetz alle wesentlichen Vorschriften über den Aufbau des Staates und die Grundlagen seines Handelns. Dazu gehören so entscheidende Bestimmungen wie die Bindung der vollziehenden Gewalt – also das Handeln der Behörden – an Gesetz und Recht. Die Bundesrepublik Deutschland ist nicht nur ein demokratischer und sozialer Bundesstaat, sondern sie ist auch Rechtsstaat, und damit sind wir bei unserem Thema: Rechtsstaatlichkeit bedeutet, dass Ämter und Behörden nicht willkürlich handeln, sondern auf der Grundlage jener allgemein bindenden Regeln, von denen eingangs die Rede war. Alles Handeln der öffentlichen Gewalt ist durch Gerichte nachprüfbar, der Bürger kann Widerspruch einlegen und Klage erheben und so um sein Recht kämpfen, wenn es ihm verweigert werden sollte. Dafür sind Maßstäbe nötig, nach denen die Gerichte zu entscheiden haben, und die finden sich in den Gesetzen.

Die Gesetzgebung ist daher im modernen demokratischen Staat eine äußerst wichtige Angelegenheit. Die wesentlichen Vorschriften darüber enthält bereits das Grundgesetz. Hier ist das Gesetzgebungsverfahren – das im folgenden näher geschildert und erklärt werden soll – in den Grundzügen vorgeschrieben, weil nur so sichergestellt werden kann, dass ein korrektes Verfahren abläuft, das durch seine Öffentlichkeit jederzeit die Kontrolle und entsprechende Meinungsbildung der Bürgerinnen und Bürger ermöglicht.

Dies wiederum ist der Grund, warum Bundesgesetze nur vom Bundestag beschlossen werden dürfen: Er verhandelt in öffentlicher Debatte – Zeitungen, Rundfunk und Fernsehen berichten darüber –, und die einzigen Personen, die an dem Beschluss über jedes Gesetz teilnehmen dürfen, sind die zum Bundestag gewählten Abgeordneten. Weil es bei den Gesetzen um die für das ganze Volk verbindlichen Regeln geht, müssen sie von der Volksvertretung behandelt und beschlossen werden.

Deshalb bestimmt Artikel 77 Abs. 1 des Grundgesetzes: „Die Bundesgesetze werden vom Bundestage beschlossen". Zwar dürfen und sollen an der Erarbeitung des Inhaltes der Gesetze viele mitwirken, aber verantwortet müssen sie von denen werden, die dafür gewählt wurden. Gewählt wird auf Zeit, d. h. für die Dauer einer Wahlperiode des Bundestages, die 4 Jahre beträgt. Also endet das Mandat der Abgeordneten nach dieser Zeit, und eine neue Entscheidung durch Wahl steht an, mit der die bisherige Regierung mit ihrem Gesetzgebungsprogramm bestätigt, aber auch abgewählt werden kann. Das ist das Entscheidende am demokratischen Staat: Man kann eine Regierung auf friedliche Weise wieder loswerden und durch eine andere ersetzen; in undemokratischen Regimen kann man das nicht.

Im Rechtsstaat wird also praktisch mit Gesetzen und durch Gesetze regiert, und dem entsprechend eng ist der Zusammenhang zwischen Gesetzgebung und Politik. Doch wie kommt ein solches Gesetz zustande? Welche Stationen durchläuft es, bis es für jedermann verbindlich ist, und wer ist daran beteiligt? Dies soll im Folgenden näher in Augenschein genommen werden, um sich einen realistischen Eindruck über das Gesetzgebungsverfahren verschaffen zu können.

Gesetzesinitiative

Das Recht, Gesetze zur Beratung im Bundestag einzubringen (Gesetzesinitiative), steht der Bundesregierung, dem Bundesrat – das Mitwirkungsorgan der Länder an der Gesetzgebung und Verwaltung des Bundes – und den Mitgliedern des Bundestages selbst zu. Im letzteren Fall muss der Gesetzentwurf von mindestens 5 vom Hundert der Abgeordneten (derzeit also 32) oder einer Fraktion unterzeichnet sein. In den beiden ersten Fällen muss das jeweilige Organ – Bundesregierung oder Bundesrat – einen Beschluss, gegebenenfalls einen Mehrheitsbeschluss fassen.

Etwa zwei Drittel der Gesetzentwürfe werden von der Bundesregierung eingebracht. Das ist nicht überraschend, und insbesondere kann es nicht etwa als Zeichen dafür angesehen werden, dass die Abgeordneten selbst zu wenig Gesetzesinitiative entwickeln oder sich von der Regierung alles vorschreiben lassen würden. Es ist vielmehr kennzeichnend für das im Grundgesetz angelegte parlamentarische Regierungssystem. Denn danach wird der Bundeskanzler vom Bundestag gewählt, d. h., nach der Bundestagswahl bildet sich hier entsprechend dem Wahlergebnis eine Mehrheit, die die Regierung trägt und mit dieser politisch identisch bleibt. Deshalb ist es nahe liegend, dass die Gesetzentwürfe, die diese Parlamentsmehrheit beschließen will, inhaltlich, technisch und redaktionell durch die Regierung und ihre Beamten erarbeitet und vorbereitet werden. Die Kontrolle des Bundestages bezieht sich vor allem darauf, welchen dieser Gesetzgebungsvorschläge letztlich zugestimmt werden soll und welchen nicht und an welchen der Bundestag Änderungen vornimmt. Es ist also nicht so, dass die Mehrheit des Bundestages allem zustimmt, was die von ihr ins Amt gewählte Regierung vorlegt.

Bei dem Gesetzesvorhaben, das wir auf den folgenden Seiten durch die verschiedenen Stationen hindurch verfolgen wollen, handelt es sich um den häufigen und typischen Fall einer Regierungsvorlage.

Der Entwurf des Gesetzes

Die Bundesregierung ist fachlich gegliedert nach den wichtigsten staatlichen und gesellschaftlichen Bereichen, so dass immer für ein größeres zusammenhängendes Aufgabengebiet ein Ministerium vorhanden ist (z. B. Bundesministerium der Justiz und Verbraucherschutz, für Wirtschaft und Energie oder für Gesundheit). Die zahllosen einzelnen Aufgabenbereiche sind innerhalb der Ministerien wiederum gegliedert in Abteilungen,

Unterabteilungen und Referate. Wird auf einem Spezialgebiet ein Gesetz – in der Praxis handelt es sich meist um Änderungen schon bestehender Gesetze, so genannte Novellen – notwendig, so wird in der Regel ein Referat beauftragt, einen Entwurf zu erarbeiten.

Die Anstöße zur Gesetzgebung können ganz unterschiedlich sein. Eine wichtige Quelle ist das Regierungsprogramm am Beginn jeder Wahlperiode, das wesentliche politische Vorhaben der Regierung für die nächsten 4 Jahre auflistet; daraus ergeben sich meist schon zahlreiche Aufträge an die Ministerien, auf den entsprechenden Gebieten einschlägige Gesetze vorzubereiten. Anstöße kommen aber auch aus der Verwaltung selbst, etwa wenn deutlich wird, dass eine bestimmte Regelung dauernd Schwierigkeiten beim Vollzug macht oder unerwartet hohe Kosten verursacht. Dann sind es nicht selten die Länder – sie sind nach Art. 83 GG grundsätzlich für den Vollzug der Bundesgesetze zuständig –, die entweder an das entsprechende Ministerium oder aber politisch an den Bundesrat mit Änderungswünschen oder mit einem ausformulierten Gesetzentwurf herantreten. Auch von der höchstrichterlichen Rechtsprechung können Impulse zur Änderung von Gesetzen ausgehen, entweder wenn in einem Urteil des Bundesverfassungsgerichts eine Regelung für nicht vereinbar mit der Verfassung erklärt wurde oder wenn z.B. durch Urteile deutlich wird, dass eine bestimmte Regelung immer wieder zu Streitigkeiten, zu Prozessen und gegensätzlicher Rechtsprechung der unteren Gerichtsinstanzen führt. Ferner sind es die Verbände und Interessengruppen, die die Bedürfnisse ihrer Mitglieder nach Änderungen von Gesetzen geltend machen. Oder eine Bürgereingabe beim Petitionsausschuss offenbart Handlungsbedarf. Auch die kommunalen Spitzenverbände wenden sich nicht selten an den Gesetzgeber, weil sie aus den ihnen angeschlossenen Städten, Kreisen und Gemeinden wissen, dass eine bestimmte Regelung etwa die Gemeindefinanzen stark belastet oder die Gemeindebehörden vor große Schwierigkeiten in der Verwaltung stellt. Schließlich gibt es auch Themen, die durch die öffentliche Diskussion in den Massenmedien zunehmend problematisch oder regelungsbedürftig erscheinen.

Entsprechend dem oben skizzierten Grundverhältnis zwischen Parlamentsmehrheit und Regierung im parlamentarischen Regierungssystem kommt es dabei auch vor, dass die Initiative zur Regelung nicht von der Regierung ausgeht, sondern in den Mehrheitsfraktionen des Bundestages die Absicht einer Gesetzesänderung politisch beschlossen wird. Dann wird in den seltensten Fällen so vorgegangen, dass Abgeordnete dieser Fraktionen und ihre Mitarbeiterinnen und Mitarbeiter den Gesetzentwurf selbst verfassen, sondern es wird ein Auftrag an die Regierung und innerhalb dieser an das zuständige Ministerium gegeben.

Mit der Referatsleitung in den Ministerien sind Fachkräfte beauftragt, die mit all diesen Vorgängen fortlaufend befasst sind. Sie werten Schreiben von Bürgerinnen und Bürgern und Organisationen an das Ministerium aus, beobachten die Rechtsprechung und verfolgen die Fachliteratur. Sie haben Kontakt mit zuständigen Kollegen in Landesministerien und Gemeindebehörden und halten sich insgesamt über die Entwicklung auf dem jeweiligen Gebiet auf dem Laufenden. Auf dieser Grundlage sind sie fachlich qualifiziert, den Auftrag für einen so genannten Referentenentwurf zu übernehmen und zu erfüllen.

Schon in diesem Stadium wird die Referatsleitung Organisationen und Gruppen, die von dem Entwurf betroffen sein werden, zu Besprechungen zuziehen und mit ihnen Material und Stellungnahmen austauschen. Dies ist besser, als „am grünen Tisch" eine Regelung zu entwerfen, die dann später, falls sie so erlassen würde, sich als undurchführbar oder als fachlich nicht richtig fundiert erweisen könnte. Das heißt aber auch, dass Interessengruppen schon in diesem frühen Stadium Einfluss auf den Gesetzentwurf nehmen können. Sie treten nicht erst dem eigentlichen Gesetzgeber, dem Bundestag, gegenüber, etwa indem sie bei Anhörungen vor den Ausschüssen ihre Vorstellungen zu Gehör bringen und ihr Fachwissen zur Verfügung stellen, sondern sie erfahren auf diesem Wege schon sehr zeitig von dem Entstehen eines Gesetzesvorhabens.

Sicher ist der Einfluss von Interessenverbänden immer ein kritisch diskutierter Punkt in der Gesetzgebung. Andererseits muss gesehen werden, dass diese Verbände nicht willkürlich und nach den Vorstellungen einiger weniger Personen operieren, sondern im Prinzip berechtigte Interessen von Gruppen der Gesellschaft vertreten. Die einzelne Bürgerin, der einzelne Bürger, sei es als Gewerbetreibende, als Mitglied einer bestimmten Berufsgruppe, als Empfänger staatlicher Leistungen oder einfach für bestimmte Belange engagiert, kann Auffassungen allein, ohne den Zusammenschluss mit Gleichgesinnten, kaum zur Geltung bringen. Hierfür können sie sich einer Partei anschließen, aber auch einschlägigen Verbänden, Organisationen oder Bürgerinitiativen beitreten und dort an der Verwirklichung der gemeinsamen Vorstellungen mitarbeiten. Auf diese Mitwirkung der betroffenen und interessierten Kreise ist der Gesetzgeber auch angewiesen. Zum einen findet er bei ihnen ein erhebliches Maß von Sachkunde auf dem betreffenden Gebiet, ohne das er schwerlich gerechte und auch geeignete Regelungen entwickeln könnte. Zum anderen ist es legitim und nützlich, wenn er Bedenken und Belange dieser betroffenen Kreise rechtzeitig kennt und gegebenenfalls berücksichtigt, weil auch ein Gesetz darauf angewiesen ist, dass es von den Betroffenen akzeptiert und befolgt wird. Wesentlich ist bei dieser geordneten Berücksichtigung von Interessen nur, dass nicht jeweils nur eine Seite gehört wird, sondern auch andere, die unterschiedliche, vielleicht gegensätzliche Interessen auf dem gleichen Feld haben können. So wird man bei einer arbeitsrechtlichen Regelung nicht nur die Arbeitgeberseite, sondern auch die Gewerkschaften hören, bei einer Vorschrift im Bereich der Produktion bestimmter Waren können sich nicht nur die entsprechenden Branchen, sondern auch Verbraucherorganisationen äußern, und wenn es um Energiepolitik und Industrieproduktion geht, werden seit vielen Jahren regelmäßig die Umweltschutzorganisationen einbezogen und um Stellungnahmen gebeten. Dazu kommen Wissenschaftler und Wissenschaftlerinnen aus den entsprechenden Gebieten und insbesondere eine beträchtliche Zahl von wissenschaftlichen Beiräten, die die Bundesregierung gebildet hat und die sie auf praktisch jedem Fachgebiet zusätzlich beraten können – ein Personenkreis von mehreren Tausend Fachleuten in den verschiedensten Beiräten, Kommissionen und Fachausschüssen.

Auf diese Weise gelingt es, Sachverstand einzubeziehen, Interessen gegeneinander abzuwägen und Zustimmung in den betroffenen Kreisen für ein Gesetzesvorhaben zu gewinnen, ohne dass der Gesetzgeber sich der einen oder anderen Meinung einfach anschließen würde.

Zurück zum Referentenentwurf: Der innerhalb des Ministeriums abgestimmte Text wird anderen fachlich oder politisch beteiligten Ministerien ebenfalls vorgelegt, weil die zu regelnden Gebiete häufig die Zuständigkeit mehrerer Ressorts berühren. Das gilt insbesondere für kostenwirksame Gesetze, die dem Finanzministerium mit vorgelegt werden müssen. Ähnliches gilt für Gesetze, deren Anwendung sich auf die Umwelt auswirken könnte und die deshalb einer so genannten Umweltverträglichkeitsprüfung unterzogen werden. Auswirkungen des Gesetzes für die Wirtschaft, auf das Preisniveau und auf die Verbraucher sind unter Beteiligung des Bundesministeriums für Wirtschaft und Technologie und des Bundesministeriums für Ernährung, Landwirtschaft und Verbraucherschutz zu klären. Schließlich ist der Nationale Normenkontrollrat frühzeitig in die Gesetzesausarbeitung einzubeziehen. Dieser hat die Aufgabe, Rechtsetzungsvorhaben (und auch geltende Rechtsvorschriften) des Bundes auf ihre kostenmäßigen bürokratischen Auswirkungen zu überprüfen und bei Bedarf Verbesserungsvorschläge vorzulegen.

Nach Abstimmung des Textes mit den beteiligten Ministerien wird der Entwurf dem Bundesjustizministerium zur Prüfung der Rechtsförmlichkeit zugeleitet. Geprüft wird die Vereinbarkeit mit geltendem Recht, von der Verfassung über benachbarte oder mitbetroffene Gesetze bis zu den Feinheiten der juristischen Sprache inklusive einer mehr und mehr geschlechtsneutralen Formulierung und der Verweisungstechnik. Und damit Gesetze sprachlich richtig und möglichst für jedermann verständlich gefasst sind, ist in diesem Stadium auch die Einbeziehung des Redaktionsstabes der Gesellschaft für deutsche Sprache (angesiedelt beim Deutschen Bundestag) vorgesehen. Danach legt der federführende Minister oder die federführende Ministerin den Gesetzentwurf dem Kabinett – das Kollegium der Bundesregierung, bestehend aus dem Bundeskanzler und allen Ministerinnen und Ministern – zur Beschlussfassung vor. Der vom Kabinett beschlossene Text wird vom Bundeskanzler dann dem Bundesrat zugeleitet.

Einschaltung des Bundesrates und Zuleitung an den Bundestag

Dieser Schritt im Verfahren könnte zunächst überraschen: Warum wird der Regierungsentwurf nicht jetzt sofort dem Bundestag zugestellt, der ihn dann im parlamentarischen Gesetzgebungsverfahren behandelt? Der vom Grundgesetz in Artikel 76 vorgeschriebene so genannte erste Durchgang beim Bundesrat hängt damit zusammen, dass dieser nach der Verabschiedung des Gesetzes durch den Bundestag sehr starke Mitwirkungsrechte bei der Gesetzgebung hat (darauf wird später noch näher eingegangen). Er könnte das Inkrafttreten eines Gesetzes zumindest verzögern (Einspruchsgesetze) und bei vielen sogar das Inkrafttreten endgültig verhindern (Zustimmungsgesetze). Um nun die Auffassung des Bundesrates und die der Länder rechtzeitig kennen zu lernen, ist eine erste Stellungnahme des Bundesrates zum Regierungsentwurf schon vorgesehen, bevor der Entwurf dem Parlament zugeleitet wird, damit die Regierung Gelegenheit hat, Gegenvorschläge des Bundesrates entweder noch zu berücksichtigen oder aber ihre Auffassung hierzu sogleich schriftlich ihrem Entwurf beizulegen. Die Stellungnahme der Bundesregierung zu eventuellen Einwänden des Bundesrates heißt Gegenäußerung; sie wird, wie die innerhalb von 6 Wochen abzugebende Stellungnahme des Bundesrates, dem ursprünglichen Gesetzentwurf beigefügt oder rechtzeitig nachgereicht. Dem Bundestag werden also schließlich vorgelegt: der Gesetzentwurf der Bundesregierung mit Begründung, die Stellungnahme des Bundesrates hierzu, die Gegenäußerung der Bundesregierung zur Stellungnahme des Bundesrates und die Stellungnahme des Nationalen Normenkontrollrates (gegebenenfalls auch noch eine Stellungnahme der Bundesregierung hierzu). Damit hat der Bundestag zu Beginn des Gesetzgebungsverfahrens eine Vorlage, die schon wesentliche Gesichtspunkte offenbart, die vielleicht später zwischen Bund und Ländern streitig werden könnten.

Der Gesetzentwurf der Bundesregierung mit Begründung, Stellungnahme des Bundesrates, Gegenäußerung der Bundesregierung und Stellungnahme des Nationalen Normenkontrollrates wird dem Bundestag vom Bundeskanzler mit einem Übersendungsschreiben an den Präsidenten des Bundestages zugeleitet. Ein Beispiel eines solchen Übersendungsschreibens ist auf S. 107 abgedruckt. Es betrifft den Regierungsentwurf des Gesetzes zur Förderung von Familien und haushaltsnahen Dienstleistungen (Familienleistungsgesetz – FamLeistG) vom 22. Dezember 2008, das im Bundesgesetzblatt Teil I von 2008 auf Seite 2955 ff. veröffentlicht worden ist. Dieser Gesetzentwurf wird im Folgenden durch die Stationen seiner Behandlung verfolgt. Ziel des Gesetzentwurfs war die Förderung von Familien durch Erhöhung des Kindergeldes und des steuerlichen Kinderfreibetrages, die Gewährung eines Schulbedarfszuschusses für Kinder aus Familien mit geringem Einkommen sowie die verbesserte steuerliche Förderung so genannter haushaltsnaher Dienstleistungen (z.B. Gärtner, Reinigungskräfte, Pflege und Betreuung Angehöriger). Hierzu waren mehrere Gesetze zu ändern, insbesondere das Einkommensteuergesetz, das Bundeskindergeldgesetz und das Zweite und Zwölfte Sozialgesetzbuch. Diese sind im Gesetzentwurf jeweils unter einem eigenen Artikel aufgeführt. Es handelt sich also um ein so genanntes Artikelgesetz.

Der Gesetzentwurf betraf die Interessen der Länder in besonderer Weise, weil er u.a. Regelungen über Steuern beinhaltete, deren Aufkommen auch den Ländern zufließt. Es handelte sich deshalb um ein so genanntes Zustimmungsgesetz, das nicht ohne Zustimmung des Bundesrates in Kraft treten kann. Die Eingangsformel des Gesetzes lautete dementsprechend: „Der Bundestag hat mit Zustimmung des Bundesrates das folgende Gesetz beschlossen: …"

Deutscher Bundestag – 16. Wahlperiode **Drucksache 16/10809**

Bundesrepublik Deutschland
Die Bundeskanzlerin

Berlin, 7. November 2008

An den
Präsidenten des
Deutschen Bundestages
Herrn Dr. Norbert Lammert
Platz der Republik 1
11011 Berlin

Sehr geehrter Herr Präsident,

hiermit übersende ich den von der Bundesregierung beschlossenen

> Entwurf eines Gesetzes zur Förderung von Familien und haushaltsnahen Dienstleistungen (Familienleistungsgesetz – FamLeistG)

mit Begründung und Vorblatt (Anlage 1).

Ich bitte, die Beschlussfassung des Deutschen Bundestages herbeizuführen.

Federführend ist das Bundesministerium der Finanzen.

Die Stellungsnahme des Nationalen Normenkontrollrates gemäß § 6 Abs. 1 NKRG ist als Anlage 2 beigefügt.

Der Bundesrat hat in seiner 850. Sitzung am 7. November 2008 gemäß Artikel 76 Absatz 2 des Grundgesetzes beschlossen, zu dem Gesetzentwurf wie aus Anlage 3 ersichtlich Stellung zu nehmen.

Die Gegenäußerung der Bundesregierung zu der Stellungnahme des Bundesrates wird nachgereicht.

Mit freundlichen Grüßen

Jedem Gesetzentwurf wird ein so genanntes Vorblatt vorangestellt, auf dem knapp über das Ziel des Gesetzes, die vorgeschlagene Lösung und eventuelle Alternativen sowie die Kosten der vorgeschlagenen Regelung berichtet wird:

Deutscher Bundestag **Drucksache 16/10809**
16. Wahlperiode

07. 11. 2008

Gesetzentwurf

der Bundesregierung

Entwurf eines Gesetzes zur Förderung von Familien und haushaltsnahen Dienstleistungen (Familienleistungsgesetz – FamLeistG)

A. Problem und Ziel

Investitionen in Familie sind Investitionen in die Zukunft. Aus diesem Grunde soll im Sinne einer nachhaltigen Familienpolitik der Familienleistungsausgleich deutlich verbessert werden.

Die Stärkung der Familie und die Förderung des privaten Haushalts als Feld für neue Beschäftigungsmöglichkeiten hat für die Bundesregierung hohe Priorität. Zudem sollen die entsprechenden Vorschriften bürgerfreundlich umgestaltet werden.

B. Lösung

– Der Kinderfreibetrag wird für jedes Kind von 3648 Euro um 192 Euro auf 3840 Euro erhöht. Insgesamt werden somit die Freibeträge für jedes Kind von 5808 Euro auf 6000 Euro erhöht.

– Das Kindergeld wird für erste und zweite Kinder um jeweils 10 Euro von 154 Euro auf 164 Euro, für dritte Kinder um 16 Euro von 154 Euro auf 170 Euro sowie für vierte und weitere Kinder um je 16 Euro von 179 Euro auf 195 Euro monatlich angehoben.

– Die steuerlichen Regelungen zu haushaltsnahen sozialversicherungspflichtigen Beschäftigungsverhältnissen und haushaltsnahen Dienstleistungen einschließlich Pflegeleistungen, die bisher in mehreren gesonderten Tatbeständen erfasst waren, werden in einer Vorschrift zur Förderung privater Haushalte als Auftraggeber einer Dienstleistung bzw. als Arbeitgeber sozialversicherungspflichtig Beschäftigter zusammengefasst. Die Förderung wird deutlich ausgeweitet auf einheitlich 20 Prozent der Aufwendungen von bis zu 20000 Euro, höchstens 4000 Euro pro Jahr.

- Die Regelungen zur steuerlichen Berücksichtigung von Kinderbetreuungskosten werden – ohne materiell-rechtliche Änderungen – in einer Vorschrift zusammengefasst.
- Jeweils zum Schuljahresbeginn erhalten im Rahmen des Zweiten und des Zwölften Buches Sozialgesetzbuch (SGB II und SGB XII) Schülerinnen und Schüler eine zusätzliche Leistung für die Schule in Höhe von 100 Euro.

C. Alternativen

Keine

D. Finanzielle Auswirkungen auf die öffentlichen Haushalte

1. Haushaltsausgaben ohne Vollzugsaufwand

a) Steuermehr-/-mindereinnahmen (–) (in Mio. Euro)

Gebietskörperschaft	Volle Jahreswirkung[1]	Kassenjahr				
		2008	2009	2010	2011	2012
Insgesamt	– 2240	–	– 2275	– 2225	– 2240	– 2240
Bund	– 975	–	– 981	– 966	– 975	– 975
Länder	– 935	–	– 956	– 931	– 935	– 935
Gemeinden	– 330	–	– 338	– 328	– 330	– 330

[1] Wirkung für einen vollen (Veranlagungs-)Zeitraum von 12 Monaten.

b) Andere Haushaltsausgaben

Durch die Erhöhung und Staffelung des Kindergeldes im Bundeskindergeldgesetz entstehen für den Bund Kosten in Höhe von bis zu 7 Mio. Euro jährlich.

Durch das angehobene Kindergeld entstehen beim Bund sowie in geringem Umfang bei den Kommunen Minderausgaben beim Arbeitslosengeld II (Sozialgeld) in Höhe von rd. 230 Mio. Euro jährlich und bei den Kommunen bei den Leistungen nach dem SGB XII von rd. 18 Mio. Euro jährlich. Bei den Unterhaltsleistungen nach dem Unterhaltsvorschussgesetz (UVG) entstehen dem Bund Minderausgaben aufgrund der Kindergeldanrechnung von bis zu 20 Mio. Euro jährlich und den Ländern von bis zu 40 Mio. Euro jährlich. Bei den nach § 7 UVG eingezogenen Beträgen erfolgen zugleich Mindereinnahmen von bis zu 4 Mio. Euro beim Bund und von bis zu 8 Mio. Euro bei den Ländern.

Durch die neue Leistung für die Schule entstehen bei den Ländern und Kommunen Kosten in Höhe von 2 Mio. Euro (§ 28a – neu – SGB XII) und beim Bund von 119 Mio. Euro (§ 24a – neu – SGB II) jährlich.

2. Vollzugsaufwand

...

E. Sonstige Kosten

...

F. Bürokratiekosten

...

Der abgedruckte Gesetzentwurf der Bundesregierung hat bereits die Form der Bundestagsdrucksache: Die Zahl 16 oben vor dem Querstrich bezeichnet die 16. Wahlperiode, also den Zeitraum vom ersten Zusammentritt des am 18. September 2005 gewählten Bundestages bis zum ersten Zusammentritt des nächsten, am 27. September 2009 gewählten 17. Bundestages, während die Zahl nach dem Schrägstrich die laufende Nummer der Bundestagsdrucksache bezeichnet. In dieser Form kommt der Entwurf nicht beim Bundestag an, sondern er wird dort in diese Fassung gebracht und an alle Abgeordneten verteilt, seit Beginn der 18. Wahlperiode auf elektronischem Wege.

Vorbereitung durch die Fraktionen

Nach der Verteilung beschäftigen sich zunächst die Fraktionen mit der Vorlage. Auch sie sind fachlich gegliedert in Arbeitskreise und Arbeitsgruppen für verschiedene Bereiche – allerdings etwas anders zugeschnitten als die Ministerien der Bundesregierung –, so dass unser Beispielentwurf in den Fraktionen vor allem von den Abgeordneten zunächst behandelt wurde, die sich auf die Bereiche Finanzen und Familie spezialisiert haben. Diese Spezialisierung ist notwendig, weil gleichzeitig mit diesem Entwurf zahlreiche andere Vorlagen auf völlig anderen Gebieten ebenfalls behandelt werden mussten und müssen, so dass es schon aus Zeitgründen ganz undenkbar wäre, jedes spezielle Gesetz von sämtlichen Abgeordneten gleichzeitig bearbeiten zu lassen. Es ist deshalb für den Bundestag nur folgerichtig, sich der Spezialisierung der Regierung in ihren verschiedenen Ministerien anzupassen und ebenfalls parallel in verschiedenen „Ressorts" vorzugehen. Das gilt für die Fachausschüsse des Bundestages ebenso wie für die Arbeitskreise der Fraktionen.

Zunächst werden also die Fraktionen zu einer Einschätzung kommen wollen, welche Haltung sie zu der Vorlage einnehmen, ob sie sehr oder weniger eilbedürftig ist, wann sie also im Plenum in erster Lesung beraten werden und wer von der Fraktion dazu etwa eine Rede halten soll, wer die Berichterstattung im Ausschuss übernehmen könnte usw. Nach der ersten Meinungsbildung in den Fraktionen wird sodann im Ältestenrat des Bundestages vereinbart, an welchem Tag der Entwurf im Plenum in erster Lesung beraten werden soll. Der Ältestenrat ist ein sehr wichtiges Lenkungsgremium für den Bundestag (siehe auch S. 32 ff.). Er setzt sich nach dem Stärkeverhältnis der Fraktionen zusammen, so dass sich die politischen Mehrheitsverhältnisse des Bundestages auch im Ältestenrat – so wie in allen anderen Ausschüssen, Kommissionen und Gremien des Bundestages – in verkleinerter Form widerspiegeln. Das heißt aber nicht, dass dort mit Mehrheit beschlossen werden könnte, etwa einen Regierungsentwurf sofort, einen Oppositionsentwurf später oder gar nicht auf die Tagesordnung zu setzen. Vielmehr bestimmt die Geschäftsordnung des Bundestages ausdrücklich, dass der Ältestenrat in diesen Fragen kein Beschlussorgan ist, hier also nicht mit Mehrheit entschieden wird, sondern eine für alle Fraktionen akzeptable Lösung gefunden werden muss. Weil alle politischen Gruppierungen dort beteiligt sind und dadurch ihre Interessen einbringen können, werden die im Ältestenrat getroffenen Vereinbarungen vom Plenum des Bundestages üblicherweise akzeptiert. Die Geschäftsordnung sorgt zusätzlich durch ein Minderheitsrecht dafür, dass jede Fraktion, die einen Gesetzentwurf einbringt, auch einen Anspruch darauf hat, dass er innerhalb von drei Wochen auf die Tagesordnung gesetzt und beraten wird.

Die erste Lesung

Der Bundestag behandelt Gesetzentwürfe in der Regel in drei Beratungen oder auch so genannten Lesungen (gemeint ist dabei: Beratungen im Plenum des Bundestages). In der ersten Lesung findet eine Aussprache nur statt, wenn sie im Ältestenrat vereinbart oder von einer Fraktion verlangt wird. Das geschieht bei interessanteren oder politisch bedeutenderen Gesetzgebungsvorhaben, wenn es der Regierung darum geht, ihre Motive für den Entwurf näher zu erläutern, oder die Fraktionen der Öffentlichkeit eine erste Darstellung ihrer Position geben wollen. Bei allen Debatten im Bundestag muss immer bedacht werden, dass sie nicht in erster Linie dazu dienen, die Abgeordneten der jeweils anderen Fraktionen von der Richtigkeit des eigenen Standpunkts zu überzeugen, sondern dazu, der Öffentlichkeit – insbesondere Presse und Medien als den wichtigsten Vermittlern des Geschehens im Bundestag – die unterschiedlichen politischen Positionen und Standpunkte darzustellen. Nur so können sich Bürgerinnen und Bürger eine Meinung zu den anstehenden Fragen bilden und einschätzen, wie die Parteien sich dazu verhalten. Nur so können auch betroffene Kreise sich darauf einstellen, dass ein bestimmtes Thema politisch zur Debatte steht, beispielsweise ein Gesetz dazu vorbereitet wird, und versuchen, durch Stellungnahmen und publizistische Aktivitäten ihre Auffassung dazu an die Öffentlichkeit zu bringen. Die Plenardebatte dient also vor allem der für die Demokratie wichtigen Transparenz dessen, was im Parlament vor sich geht. Inhaltlich und fachlich werden die oft recht schwierigen Probleme nicht einfach durch den Austausch von Debattenbeiträgen geklärt, sondern durch intensive Vorbereitungsarbeit in den Fraktionen, in den Fachausschüssen des Bundestages, durch Zuziehung von Sachverständigen, durch Anhörung von Betroffenen und Interessenten, durch Erstellung von Gutachten und vieles andere mehr.

Eine Aussprache in der ersten Lesung wird also vereinbart oder verlangt, wenn es gilt, schon vor der näheren Behandlung des Gesetzentwurfs in den Ausschüssen der Öffentlichkeit das Problem vor Augen zu führen und die unterschiedlichen Standpunkte klarzumachen. Ob mit oder ohne Aussprache: Am Ende der ersten Lesung steht immer die Überweisung des Gesetzentwurfs an einen oder mehrere Ausschüsse des Bundestages. Ausnahmsweise kann auf die Ausschussberatung verzichtet werden, wenn etwa der Gesetzentwurf sehr einfach und die Standpunkte dazu von vornherein völlig klar sind; dies geht aber nur, wenn es von zwei Dritteln der anwesenden Mitglieder so beschlossen wird. Das ist außerordentlich selten, weil im Prinzip jedem Entwurf die Chance eingeräumt werden soll, in den zuständigen Ausschüssen gründlich beraten zu werden. Aus demselben Grund kann der Bundestag auch einen Gesetzentwurf nicht schon in der ersten Lesung endgültig ablehnen oder für erledigt erklären. Dazu könnte ja bei Gesetzesvorschlägen der Opposition eine Neigung der Regierungsmehrheit bestehen, wenn sie von vornherein entschlossen ist, dieses Gesetz nicht in Kraft treten zu lassen; dennoch muss auch ein Minderheitsentwurf den Ausschüssen zur Beratung überwiesen werden und die Chance auf eine fachlich eingehende Beratung haben.

Deutscher Bundestag – 16. Wahlperiode – 187. Sitzung Berlin, Donnerstag, den 13. November 2008

Präsident Dr. Norbert Lammert:

Ich rufe nun den Tagesordnungspunkt 15 auf:

Erste Beratung des von der Bundesregierung eingebrachten Entwurfs eines **Gesetzes zur Förderung von Familien und haushaltsnahen Dienstleistungen (Familienleistungsgesetz – FamLeistG)**

– Drucksache 16/10809 –

Überweisungsvorschlag:
Finanzausschuss (f)
Ausschuss für Arbeit und Soziales
Ausschuss für Familie, Senioren, Frauen und Jugend
Ausschuss für Gesundheit

Ausschuss für Bildung, Forschung und Technikfolgenabschätzung
Haushaltsausschuss mitberatend und gemäß § 96 GO

Nach einer interfraktionellen Vereinbarung sind für die Aussprache eineinviertel Stunden vorgesehen. – Dazu höre ich keinen Widerspruch. Dann können wir so verfahren.

Ich eröffne die Aussprache. Das Wort erhält zunächst

...

Präsident Dr. Norbert Lammert:

Ich schließe die Aussprache.

Interfraktionell wird die Überweisung des Gesetzesentwurfs auf Drucksache 16/10809 an die in der Tagesordnung aufgeführten Ausschüsse und zusätzlich an den Ausschuss für Bildung, Forschung und Technikfolgenabschätzung vorgeschlagen. Gibt es anderweitige Vorschläge? – Das ist nicht der Fall. Dann ist die Überweisung so beschlossen.

In unserem Beispiel war eine Aussprache in der ersten Beratung vorgesehen und die Redner haben ihre Auffassungen zum Gesetzentwurf mündlich dargelegt. Unter bestimmten Voraussetzungen können Plenarreden im Rahmen einer Aussprache aber auch „zu Protokoll" gegeben, d. h. in schriftlicher Form zur Veröffentlichung im Stenografischen Bericht übermittelt werden. Dies ist möglich, wenn die vorgesehenen Redner dies wünschen und mindestens zwei Drittel der anwesenden Mitglieder des Bundestages zustimmen oder wenn dies im Ältestenrat vorab vereinbart wurde und keine Fraktion dem widerspricht.

Die Ausschussberatung

Der Gesetzentwurf der Bundesregierung wurde federführend dem Finanzausschuss und mitberatend weiteren Ausschüssen, u.a. dem Ausschuss für Familie, Senioren, Frauen und Jugend überwiesen. Federführung bedeutet, dass dieser Ausschuss verantwortlich für die weitere Behandlung des Entwurfs ist. Er muss, wie die Geschäftsordnung (GO-BT) es in § 62 vorschreibt, dem Bundestag einen bestimmten Beschluss empfehlen – also die Annahme, Annahme mit vom Ausschuss beschlossenen Änderungen oder Ablehnung des Gesetzentwurfs: Dabei ist er zu „baldiger Erledigung" der überwiesenen Vorlage verpflichtet. Er kann also nicht, sei es aus politischen Gründen oder aus solchen der Arbeitsüberlastung, einen Gesetzentwurf einfach unbearbeitet lassen, sonst läuft er Gefahr, dass eine Fraktion gemäß § 62 Abs. 2 GO-BT nach 10 Sitzungswochen einen Bericht des Ausschusses an das Plenum verlangt, in dem der Ausschuss begründen muss, warum er den Entwurf noch nicht behandelt hat, wobei über diesen Bericht eine Aussprache – mit entsprechender Kritik – stattfinden kann.

Wenn ein Vorhaben verschiedene Sachgebiete betrifft, wird der Entwurf einem oder mehreren weiteren Ausschüssen zur Mitberatung überwiesen. Die mitberatenden Ausschüsse leiten ihre Stellungnahmen zum Entwurf mit ihren Änderungsvorschlägen an den federführenden Ausschuss, der diese Stellungnahmen in seinen Bericht an das Plenum aufnehmen wird. Dieser Bericht ist zusammen mit dem Beschlussvorschlag das Arbeitsergebnis der Ausschussberatungen, welches dem Plenum des Bundestages später zur zweiten Lesung vorgelegt wird.

Der hier behandelte Gesetzentwurf hat für den Bundeshaushalt erhebliche Kosten erwarten lassen (vgl. im oben abgedruckten Vorblatt den Abschnitt „D."). Bei Vorhaben mit beträchtlichen Kostenfolgen ist das Verfahren noch etwas komplizierter: Hier beauftragt das Plenum in erster Lesung den Haushaltsausschuss mit der Prüfung, ob der Entwurf mit der Haushaltslage vereinbar ist. Dieser Bericht des Haushaltsausschusses, nach dem einschlägigen § 96 GO-BT als „96er-Bericht" bezeichnet, wird direkt dem Plenum zur zweiten Beratung vorgelegt, also nicht wie die Stellungnahme der mitberatenden Ausschüsse dem federführenden Ausschuss zugeleitet. Das bedeutet, dass der federführende Ausschuss nicht frei darin ist, ob er sich Bedenken des Haushaltsausschusses zu Eigen macht oder nicht, wie er das hinsichtlich der Stellungnahmen mitberatender Ausschüsse kann. Beim Haushalt wäre eine solche Entscheidungsfreiheit einzelner Fachausschüsse nicht akzeptabel: Der Bundeshaushalt muss nach Art. 110 GG in Einnahmen und Ausgaben ausgeglichen sein. Bringt ein Entwurf neue Ausgaben, für die im Haushalt zunächst kein Ausgleich vorhanden ist, so muss das Plenum des Bundestages für eine Deckung dieser Ausgaben sorgen – der Haushaltsausschuss legt dazu einen Deckungsvorschlag vor –, weil andernfalls der Gesetzentwurf nicht verabschiedet werden könnte. Bei allen diesen als Finanzvorlagen bezeichneten Gesetzentwürfen muss daher der Haushaltsausschuss eingeschaltet werden und einen eigenständigen Bericht vorlegen.

Die Ausschüsse sind im Rahmen der Vorschriften der Geschäftsordnung relativ frei in der Gestaltung ihrer Arbeit und in der Aufstellung ihrer Tagesordnung. Gewisse gemeinsame Regeln und Verfahrensschritte gelten aber für alle. So werden für jeden dem Ausschuss überwiesenen Gesetzentwurf Abgeordnete dieses Ausschusses zu Berichterstattern für diese Vorlage benannt, in der Regel auf Vorschlag der Fraktionen. Diese sind – neben dem oder der Vorsitzenden – verantwortlich für den Fortgang der Beratungen und die Erstellung des Beratungsergebnisses; insbesondere haben sie den Bericht an das Plenum – gemeinsam mit dem oder der Vorsitzenden des Ausschusses – zu unterschreiben. Die Berichterstatter müssen sich in besonderer Weise mit dem Inhalt und den politischen Schwerpunkten des Entwurfs vertraut machen, sich mit einschlägigen Stellungnahmen und mit der Fachliteratur sowie mit den Forderungen und Wünschen von Verbänden und Organisationen, daneben auch mit den in der Presse geäußerten Auffassungen zu dem Vorhaben beschäftigen. Ebenso sind es die Berichterstatter, die zwischen dem Fortgang der Beratungen im Ausschuss und den Beratungen in ihren jeweiligen Fraktionen vermitteln. Sie sorgen für die gegenseitige Unterrichtung, sie vertreten in ihren Fraktionen die Erkenntnisse und Zwischenergebnisse aus der Ausschussberatung und umgekehrt im Ausschuss die Standpunkte und Forderungen der Fraktionen.

Ausschusssitzungen

Nachdem der oder die Vorsitzende und die Berichterstatter sich eingearbeitet und die Fraktionen in ihren Arbeitskreisen erste Überlegungen angestellt haben, wird der oder die Vorsitzende im Einvernehmen mit den Obleuten der Fraktionen (siehe Seite 111 f.) den Entwurf auf die Tagesordnung der nächsten Ausschusssitzung setzen. In dieser Sitzung wird der wesentliche Inhalt des Entwurfs vorgetragen und erläutert, entweder von einem Berichterstatter oder von einem Vertreter oder einer Vertreterin der Bundesregierung. Zu allen Sitzungen der Bundestagsausschüsse haben die Mitglieder und die Beauftragten der Bundesregierung und auch die des Bundesrates Zutritt. Das schreibt bereits das Grundgesetz in Artikel 43 vor, ist aber auch erwünscht, weil dadurch die Fachleute aus den Ministerien und aus den Ländern zur Verfügung stehen und von den Abgeordneten sofort zu einzelnen Regelungen, Zusammenhängen, Gründen und möglichen Auswirkungen des Entwurfs befragt werden können. Darüber hinaus haben die Beamten der Bundesregierung auch „Formulierungshilfe" zu leisten: Will der Ausschuss eine Vorschrift in der Sache verändern, muss er sich nicht selbst an die juristische Feinarbeit der Textgestaltung machen, sondern fordert die Beamten des zuständigen Ministeriums auf, die gewünschte Änderung in die juristisch und gesetzestechnisch einwandfreie Form zu bringen. In der ersten Beschäftigung des Ausschusses mit dem Entwurf kann auch eine Generaldebatte stattfinden, in der die grundsätzlichen Probleme und politischen Positionen zum Entwurf gegeneinander gestellt werden.

Ausnahmsweise kann dies auch öffentlich geschehen. Die Geschäftsordnung des Bundestages geht von der Regel aus, dass die Ausschussberatungen nicht öffentlich stattfinden, dass der Ausschuss aber berechtigt ist, für Teile der Beratung oder für bestimmte Gegenstände eine öffentliche Behandlung vorzunehmen. Das bedeutet, dass dann Journalisten, Verbände und Organisationen oder sonstige Interessierte freien Zugang zu der Ausschusssitzung haben.

Im Anschluss an eine generelle Aussprache wird der Ausschuss in die Beratung der einzelnen Vorschriften eintreten. Die Abschnitte und Paragraphen werden von der Vorsitzenden oder vom Vorsitzenden aufgerufen. Dann können Berichterstatter, andere Ausschussmitglieder oder auch Vertreter von Bundesregierung oder Bundesrat sich äußern. Dabei können Änderungsvorschläge gemacht oder förmliche Änderungsanträge gestellt werden. Das Wort wird in der Reihenfolge der Wortmeldungen unter Berücksichtigung weiterer Gesichtspunkte wie „Rede und Gegenrede" erteilt. Über förmliche Änderungsanträge wird am Schluss der Beratung des betreffenden Abschnitts abgestimmt. Wird – mit einfacher Mehrheit der Anwesenden – eine Änderung beschlossen, so ist die Regierungsvorlage insoweit verändert, und alle weiteren Behandlungen des Entwurfs gehen von der geänderten Fassung aus.

Die Änderungen an Regierungsentwürfen – man kann sie insbesondere (s. S. 122) an der Beschlussempfehlung des federführenden Ausschusses erkennen, der die Änderungen zusammenstellt – sind häufig das Ergebnis von Diskussionen und Verhandlungen im Ausschuss. Die Abgeordneten halten dort keine Reden für die Öffentlichkeit, sondern erörtern die einzelnen Punkte, diskutieren miteinander unterschiedliche Politikentwürfe, stellen versuchsweise Vorschläge zur Debatte und ziehen sie auch wieder zurück, kurz, es findet eine Fachdiskussion mit dem Ziel der Erarbeitung lösungsorientierter und durchführbarer Vorschriften statt.

Anhörungen

Oft lassen sich Gesetzentwürfe nicht in einer Beratung im Ausschuss erledigen, auch wenn die Vorbereitung in den Fraktionen sehr eingehend ist. Handelt es sich um eine fachlich schwierige Materie und zudem noch um ein politisch umstrittenes Regelungsziel, dann wird nicht selten – heute bei fast allen Entwürfen von einiger Bedeutung – eine öffentliche Anhörung von Sachverständigen und Interessenvertretern durchgeführt (s. S. 44 f.), so auch in unserem Beispielsfall. Die öffentliche Anhörung dient einmal dazu, zusätzliche wissenschaftliche Sachkunde und Kenntnisse über spezifische Schwierigkeiten in die Beratungen einzuführen. Zusätzlich hat sie den Zweck, durch die Öffentlichkeit der Veranstaltung Aufmerksamkeit in Presse und Medien für das betreffende Vorhaben zu gewinnen, die Bedeutung des Themas klarzumachen und die politische Auseinandersetzung anzuregen oder weiterzuführen. So bemühen sich die Fraktionen regelmäßig, bei der Auswahl der Sachverständigen auch solche zu benennen, deren Begutachtung der Schwierigkeiten, Risiken oder Chancen dieses Gesetzentwurfs die jeweils eigene politische Position unterstützen oder die der Gegenseite fragwürdig machen kann. Entsprechendes gilt für das gewichtige Votum großer Verbände und Organisationen, etwa der Arbeitgeber, der Gewerkschaften oder der Umweltschutzverbände. Was öffentlich von diesen zu einem Gesetzesvorhaben geäußert wird, kann die Auffassung hierzu durchaus beeinflussen. Änderungen an einem Gesetzentwurf sind daher zuweilen das Ergebnis einer öffentlichen Anhörung im Ausschuss. Es ist auch schon vorgekommen, dass Gesetzentwürfe zurückgezogen wurden, weil sich in der Anhörung herausstellte, dass alle oder die meisten Sachverständigen die vorgesehenen Vorschriften für ungeeignet oder schädlich erklärten. Die Anhörung bringt damit eine Verbreiterung der Diskussionsteilnahme an wichtigen Gesetzen und eine bessere, insbesondere öffentliche Einbeziehung der Interessengruppen. Es dürfte daher kein Zufall sein, dass die Durchführung von Anhörungen im Laufe der Wahlperioden ständig zugenommen hat.

Die Ausschussvorsitzenden

Die Vorsitzenden der Ausschüsse haben eine wichtige und nicht einfache Stellung. Nach der Geschäftsordnung berufen sie die Sitzungen ein, setzen die Tagesordnung fest und haben, ähnlich wie der Bundestagspräsident im Plenum, die Leitungs- und Ordnungsgewalt. Praktisch müssen sie sich aber mit den Fraktionen, insbesondere ihren Obleuten im Ausschuss (hierzu unten), abstimmen und können nicht gegen den Willen des Ausschusses eigene Prioritäten setzen oder sachliche Vorstellungen durchdrücken. Deshalb werden sich die Vorsitzenden in den Beratungen eher zurückhalten. Sie bemühen sich, die Verhandlungen objektiv und unparteiisch zu leiten, Meinungsverschiedenheiten allenfalls im Sinne der Aufklärung von Missverständnissen und der Herbeiführung von Beschlüssen zu moderieren, Debatten zusammenzufassen und Kompromissvorschläge zu unterbreiten. Sie haben die Pflicht, die Beratungen objektiv zu fördern, und dies gelingt am ehesten, wenn sie Vertrauen bei allen Fraktionen genießen.

Dies ist deshalb nicht selbstverständlich, weil das Ausschusssystem des Bundestages eine Besonderheit aufweist: Zum einen spiegeln die Ausschüsse die Mehrheitsverhältnisse des gesamten Bundestages wider. Die Bundestagsmehrheit – also die Koalition, die ja die Regierung gewählt hat und sie unterstützt – stellt auch im Ausschuss die Mehrheit. Zum anderen werden aber die Mehrheits- und Minderheitsverhältnisse, also die Stärke der Fraktionen, auch innerhalb der Gesamtzahl der Ausschussvorsitzenden widergespiegelt. Dabei werden einige Ausschüsse von Vorsitzenden geleitet, die zur Opposition gehören, während der Ausschuss seinerseits entsprechend der Regierungsmehrheit zusammengesetzt ist (nach parlamentarischer Tradition wird z. B. der Vorsitz im Haushaltsausschuss immer einem Mitglied der Opposition eingeräumt und damit wird die Bedeutung der parlamentarischen Kontrolle gegenüber der Regierung unterstrichen). Mit anderen Worten: Diese Vorsitzenden müssen tagtäglich Ausschussbeschlüsse und Arbeitsergebnisse fördern und herbeiführen, die vom politischen Willen der Mehrheit geprägt sind und denen sie persönlich nicht immer zustimmen können.

Um so mehr hängt das Ansehen der Vorsitzenden von dem Vertrauen ab, das ihnen die Mitglieder entgegenbringen und das sie veranlasst, ihnen gleichwohl Spielraum in der Verhandlungsführung zu lassen. Sie werden daher in stetigem Kontakt mit den Obleuten der Fraktionen im Ausschuss handeln. Dies sind von den Fraktionen benannte Sprecher im Ausschuss;

sie haben eine ähnliche Stellung wie die Parlamentarischen Geschäftsführer oder Geschäftsführerinnen der Fraktionen in Bezug auf das Plenum und den Ältestenrat. Sie bereiten die Ausschusssitzungen für ihre Fraktionen politisch, geschäftsordnungsrechtlich und taktisch vor, führen Vorbesprechungen durch, verhandeln mit Abgeordneten aus den anderen Fraktionen über Tagesordnung, Prioritäten und Sitzungsablauf, sorgen für die Präsenz ihrer Fraktionskollegen in den Ausschüssen und achten auf den Zusammenhang der Ausschusspositionen mit der gesamten politischen Linie ihrer Fraktion. Dies ist eine wesentliche Aufgabe, weil andernfalls die detaillierte Facharbeit in den einzelnen Ausschüssen sich verselbständigen, nicht mehr koordinierbar und schließlich politisch widersprüchlich werden würde.

Beschlussempfehlung und Bericht des Ausschusses

Hat der Ausschuss einen Gesetzentwurf zu Ende beraten und eine Empfehlung für das Plenum beschlossen, beginnt der zweite Teil der Arbeit der Berichterstatter: In einem schriftlichen Bericht an das Plenum des Bundestages legen sie den Gang der Beratungen in ihrem, dem federführenden Ausschuss, und in den mitberatenden Ausschüssen dar. Dabei erläutern sie insbesondere, welche Gründe der Ausschuss hatte, von der Regierungsvorlage abzuweichen. Ebenso sind sie verpflichtet, die Ansichten etwa überstimmter Minderheiten mitzuteilen.

Dem Bericht vorangestellt wird die Beschlussempfehlung des Ausschusses an das Plenum. Diese kann lauten, den Gesetzentwurf anzunehmen, abzulehnen oder – falls alle Fraktionen im Ausschuss zustimmen – für erledigt zu erklären. Wird die Annahme empfohlen, so ist weiterhin mitzuteilen, ob der Gesetzentwurf unverändert, mit vom Ausschuss empfohlenen Änderungen oder in einer vom Ausschuss verabschiedeten und der Beschlussempfehlung beigegebenen Fassung angenommen werden soll. Vorangestellt wird der Beschlussempfehlung ein Vorblatt mit der bereits beim Gesetzentwurf dargestellten Einteilung. Darin wird auch mitgeteilt, mit welcher Mehrheit der Entwurf im Ausschuss angenommen wurde. In unserem Beispiel ist unter „B. Lösung" des Vorblatts der in der Folge auszugsweise abgedruckten Beschlussempfehlung das Stimmverhalten der Fraktionen im Finanzausschuss wiedergegeben. Beschlussempfehlung und Bericht werden als Bundestagsdrucksache an alle Abgeordneten verteilt.

Deutscher Bundestag **Drucksache** 16/**11172**
16. Wahlperiode

02. 12. 2008

Beschlussempfehlung

des Finanzausschusses (7. Ausschuss)

zu dem Gesetzentwurf der Bundesregierung
– Drucksachen 16/10809, 16/11001, 16/11125 Nr. 1.6 –

Entwurf eines Gesetzes zur Förderung von Familien und haushaltsnahen Dienstleistungen (Familienleistungsgesetz – FamLeistG)

A. Problem

Die steuerlichen Freibeträge für Kinder und das Kindergeld sowie die steuerliche Absetzbarkeit haushaltsnaher sozialversicherungspflichtiger Beschäftigungsverhältnisse und haushaltsnaher Dienstleistungen werden als zu niedrig angesehen. Außerdem haben Schülerinnen und Schüler zu Schuljahresbeginn einen zusätzlichen Bedarf an Leistungen für die Schule, der bei der Leistung von Transferzahlungen nicht berücksichtigt wird.

B. Lösung

...

Der Finanzausschuss empfiehlt insbesondere folgende Änderungen des Gesetzentwurfs:

- Weitere Anhebung des Kinderfreibetrags um 24 Euro (12 Euro für jeden Elternteil).
- Einführung einer Verwaltungsvereinfachung dadurch, dass kein Änderungsbescheid bei einer Kindergeldanhebung erteilt werden muss.

Annahme des Gesetzentwurfs in geänderter Fassung mit den Stimmen der Fraktionen der CDU/CSU und SPD gegen die Stimmen der Fraktion BÜNDNIS 90/DIE GRÜNEN bei Stimmenthaltung der Fraktionen FDP und DIE LINKE.

C. Alternativen

Keine

D. Finanzielle Auswirkungen

...

E. Sonstige Kosten

...

F. Bürokratiekosten

...

Beschlußempfehlung

Der Bundestag wolle beschließen,

den Gesetzentwurf auf Drucksachen 16/10809, 16/11001, 16/11125 Nr. 1.6 in der aus der nachstehenden Zusammenstellung ersichtlichen Fassung anzunehmen.

Berlin, den 2. Dezember 2008

Der Finanzausschuss

Eduard Oswald
Vorsitzender und Berichterstatter

Gabriele Frechen
Berichterstatterin

Zusammenstellung

des Entwurfs eines Gesetzes zur Förderung von Familien und haushaltsnahen Dienstleistungen (Familienleistungsgesetz – FamLeistG)
– Drucksachen 16/10809, 16/11001, 16/11125 Nr. 1.6 –
mit den Beschlüssen des Finanzausschusses (7. Ausschuss)

Entwurf –	Beschlüsse des 7. Ausschusses –
Entwurf eines Gesetzes zur Förderung von Familien und haushaltsnahen Dienstleistungen (Familienleistungsgesetz – FamLeistG)	**Entwurf eines Gesetzes zur Förderung von Familien und haushaltsnahen Dienstleistungen (Familienleistungsgesetz – FamLeistG)**
Der Bundestag hat mit Zustimmung des Bundesrates das folgende Gesetz beschlossen:	Der Bundestag hat mit Zustimmung des Bundesrates das folgende Gesetz beschlossen:
Artikel 1	**Artikel 1**
Änderung des Einkommensteuergesetzes	**Änderung des Einkommensteuergesetzes**
Das Einkommensteuergesetz in der Fassung der Bekanntmachung vom 19. Oktober 2002 (BGBl. I S. 4210, 2003 I S. 179), zuletzt geändert durch Artikel ... des Gesetzes vom ... (BGBl. I S. ...), wird wie folgt geändert:	Das Einkommensteuergesetz in der Fassung der Bekanntmachung vom 19. Oktober 2002 (BGBl. I S. 4210, 2003 I S. 179), zuletzt geändert durch Artikel ... des Gesetzes vom ... (BGBl. I S. ...), wird wie folgt geändert:
1. Die Inhaltsübersicht wird wie folgt geändert:	1. unverändert
...	

Die Beschlussempfehlung des Finanzausschusses konnte hier nicht so gestaltet werden, dass die vom Ausschuss beschlossenen Änderungen direkt in den Empfehlungssatz an das Plenum des Bundestages eingearbeitet wurden. Das ist nur möglich, wenn die vom Ausschuss geforderten Änderungen einige Punkte betreffen, die sich mit wenigen Worten und Zahlen kennzeichnen lassen. Dann lautet die Empfehlung an das Plenum etwa, den „Gesetzentwurf mit der Maßgabe anzunehmen, dass ...". Hier lautete die Beschlussempfehlung, der Bundestag wolle beschließen, den Gesetzentwurf „in der aus der nachstehenden Zusammenstellung ersichtlichen Fassung" anzunehmen. Das kommt vor allem bei umfangreichen Gesetzentwürfen sowie dann vor, wenn der Ausschuss – wie hier – eine Vielzahl von Änderungen empfiehlt. Dann werden der Regierungsentwurf und die vom Ausschuss empfohlene Textfassung einander in einer Synopse („Zusammenstellung") gegenüber gestellt, so dass man durch Vergleich von Entwurf und Ausschussempfehlung erkennen kann, wo dem Bundestag die Übernahme und wo die Änderung des ursprünglichen Entwurfs empfohlen wird.

In aller Regel folgt das Plenum des Bundestages den Empfehlungen des federführenden Ausschusses. Das heißt, dass zahlreiche Regierungsentwürfe nicht – wie man angesichts der grundsätzlichen Teilung des Bundestages in Regierungsmehrheit und Opposition vermuten könnte – einfach vom Bundestag mit Mehrheit angenommen und damit unverändert übernommen werden. Vielmehr prüft die auch in jedem Ausschuss sich widerspiegelnde Mehrheit die Entwürfe ihrer „eigenen" Regierung durchaus kritisch und ändert sie in über der Hälfte der Fälle auch ab. Daran kann man erkennen, dass ungeachtet der politischen Grundübereinstimmung von Bundestagsmehrheit und Regierung eine parlamentarische Kontrolle der Regierung nicht nur durch die Opposition, sondern auch durch die Koalitionsmehrheit ausgeübt wird.

Zur Beschlussempfehlung folgt der Bericht der in diesem Falle vier Berichterstatter, entweder in derselben oder – wie hier – einer gesonderten Drucksache. Darin wird zunächst der formale Ablauf der Ausschussberatungen dargestellt und insbesondere mitgeteilt, welche Auffassungen die mitberatenden Ausschüsse vorgetragen haben und welche Änderungsanträge im federführenden Ausschuss gestellt und angenommen oder abgelehnt wurden. In unserem Beispiel ergibt sich aus dem Bericht ferner, dass der Finanzausschuss eine Bürgerpetition in seine Beratungen einbezogen hat, welche die vom Ausschuss empfohlene Einführung eines Schulbedarfspakets betraf. Nach der Darstellung des formalen Ablaufs der Ausschussberatungen folgt die Einzelbegründung für die Beschlussempfehlung, insbesondere für die vom federführenden Ausschuss empfohlenen Änderungen des Regierungsentwurfs.

Deutscher Bundestag
16. Wahlperiode

Drucksache 16/11191

03. 12. 2008

Bericht
des Finanzausschusses (7. Ausschuss)

zu dem Gesetzentwurf der Bundesregierung – Drucksachen 16/10809, 16/11001, 16/11125 Nr. 1.6 –

Entwurf eines Gesetzes zur Förderung von Familien und haushaltsnahen Dienstleistungen (Familienleistungsgesetz – FamLeistG)

Bericht der Abgeordneten Patricia Lips, Lydia Westrich, Carl-Ludwig Thiele und Dr. Barbara Höll

A. Allgemeiner Teil

I. Überweisung

Der Deutsche Bundestag hat den Gesetzentwurf der Bundesregierung auf **Drucksache 16/10809** in seiner 187. Sitzung am 13. November 2008 dem Finanzausschuss zur federführenden Beratung überwiesen. Der Gesetzentwurf wurde außerdem dem Ausschuss für Arbeit und Soziales, dem Ausschuss für Familie, Senioren, Frauen und Jugend, dem Ausschuss für Gesundheit, dem Ausschuss für Bildung, Forschung und Technikfolgenabschätzung sowie dem Haushaltsausschuss zur Mitberatung überwiesen. Ferner wurde der Gesetzentwurf dem Haushaltsausschuss nach § 96 GO-BT überwiesen. Der Haushaltsausschuss wird hierüber gesondert unterrichten.

Die Unterrichtung durch die Bundesregierung „Gegenäußerung der Bundesregierung zur Stellungnahme des Bundesrates" auf Drucksache 16/11001 wurde nachträglich gemäß § 80 Abs. 3 GO-BT an dieselben Ausschüsse überwiesen. Hierüber wurde mit Drucksache 16/11125 vom 28. November 2008 unterrichtet.

Der Finanzausschuss hat seine Beratungen in der 105. Sitzung am 12. November 2008 vorbehaltlich der Überweisung des Gesetzentwurfs aufgenommen und in der 109. Sitzung am 2. Dezember 2008 abgeschlossen. Außerdem hat der Ausschuss in seiner 106. Sitzung am 24. November 2008 eine öffentliche Anhörung durchgeführt.

II. Wesentlicher Inhalt der Vorlage

...

III. Anhörung

Der Finanzausschuss hat am 24. November 2008 zu dem Gesetzentwurf eine öffentliche Anhörung durchgeführt. Folgende Einzelsachverständige, Verbände und Institutionen hatten Gelegenheit zur Stellungnahme:

...

Das Ergebnis der Anhörung ist in die Ausschussberatungen eingegangen. Das Protokoll der öffentlichen Beratung einschließlich der eingereichten schriftlichen Stellungnahmen ist der Öffentlichkeit zugänglich.

IV. Stellungnahmen der mitberatenden Ausschüsse

...

V. Beratungsverlauf und Beratungsergebnisse im federführenden Ausschuss

... (folgt Darstellung der Auffassungen der Fraktionen im Ausschuss sowie angenommener und abgelehnter Änderungsanträge)

Der **Petitionsausschuss** hat dem Finanzausschuss eine Bürgereingabe zu dem Gesetzentwurf der Bundesregierung übermittelt und gemäß § 109 der Geschäftsordnung des Deutschen Bundestages um Abgabe einer Stellungnahme gebeten. Der Finanzausschuss hat die Petition in seine Beratungen einbezogen. Mit der Eingabe fordert der Petent, dass alleinerziehende Mütter oder Väter durch eine Schulanfang-Sonderzahlung unterstützt werden. Mit dem Gesetzentwurf wird eine Rechtsänderung vorgeschlagen, nach der jeweils zu Schuljahresbeginn Schülerinnen und Schüler bis zum Abschluss der Jahrgangsstufe 10 im Rahmen des SGB II und SGB XII eine zusätzliche Leistung für die Schule in Höhe von 100 Euro erhalten. Die im Gesetzentwurf der Bundesregierung in § 24a SGB II (Artikel 3 Nummer 2) und § 28a SGB XII (Artikel 4 Nummer 3) enthaltene und vom Ausschuss zur Annahme empfohlene Einführung eines „Schulbedarfspakets" betrifft die Forderung des Petenten.

B. Besonderer Teil

Zu Artikel 1 (Änderung des Einkommensteuergesetzes)

Zu Nummer 3 (§ 9 Abs. 5 Satz 1)

Redaktionelle Änderung der Folgeänderung im Zusammenhang mit der Zusammenfassung der Kinderbetreuungskosten in einer Vorschrift.

...

Berlin, den 3. Dezember 2008

Patricia Lips	Lydia Westrich	Carl-Ludwig Thiele	Dr. Barbara Höll
Berichterstatterin	Berichterstatterin	Berichterstatter	Berichterstatterin

Bevor das Gesetzgebungsverfahren weiter verfolgt wird, ist noch eine ergänzende Bemerkung zur Arbeit der Ausschüsse nötig. Sie haben nicht ausschließlich die Aufgabe, überwiesene Gesetzentwürfe zu beraten, sondern können sich mit allen Fragen aus ihrem Zuständigkeitsbereich befassen. Das bedeutet, dass ein Ausschuss die ganze Politik des jeweiligen Ministeriums der Bundesregierung, dem der Ausschuss gleichsam spiegelbildlich gegenübersteht, verfolgt, begleitet und kontrolliert. Gelegentlich ist von einer Mitregierung durch die Bundestagsausschüsse gesprochen worden. Erst vor diesem Hintergrund einer kontinuierlichen und umfassenden Beschäftigung mit allen in seine Zuständigkeit fallenden Themen verfügt der Ausschuss auch über die Fachkunde und das politische Wissen, um den einzelnen Gesetzentwurf oder einen sonstigen förmlichen Antrag aus dem Hause richtig einschätzen und behandeln zu können. Die Ausschüsse „warten" also keineswegs auf Gesetzentwürfe, die ihnen vom Plenum überwiesen werden, sondern beschäftigen sich permanent mit der Politik des ihnen gegenüberstehenden Ressorts der Bundesregierung, und diese Beschäftigung nimmt ganz besonders dann an Intensität zu, wenn von diesem Ministerium schwierige, besonders umstrittene Initiativen ausgehen oder gar Fälle von Pannen oder Missmanagement auftreten.

Die zweite und die dritte Lesung

Nachdem der Ausschuss seine Arbeit getan hat, müssen erneut die Fraktionen entscheiden, wie sie zu der nun entstandenen Gesetzesvorlage stehen. Die Fachleute der Fraktionen kennen sie zwar genau, aber nun geht es darum, dass alle Mitglieder sich eine Meinung zu dem Entwurf bilden können. Also wird, gegebenenfalls nach nochmaligen Überlegungen in den zuständigen Arbeitskreisen oder -gruppen und nach Information des Fraktionsvorstandes, in einer Vollversammlung jeder Fraktion dieses Thema mit auf die Tagesordnung gesetzt, um durch Beschluss zu entscheiden, ob die Fraktion dieser Fassung zustimmen, ob und welche Änderungsanträge sie stellen und wen sie als Redner für die Aussprache benennen soll.

Im Ältestenrat vereinbaren die Fraktionen dann den Termin für die zweite Beratung des Entwurfs. Er erscheint auf der Tagesordnung der vorgesehenen Plenarsitzung und wird entsprechend der Tagesordnung vom sitzungsleitenden Präsidenten aufgerufen. Der Präsident gibt, wenn es gewünscht wird, zunächst dem oder den Berichterstattern die Möglichkeit, den schriftlichen Bericht zu ergänzen. Dann erfolgt die allgemeine Aussprache. Anschließend wird der Gesetzentwurf zur Abstimmung gestellt und – wenn keine Änderungsanträge gestellt werden – über alle Teile des Gesetzentwurfs gemeinsam abgestimmt. Änderungsanträge können in der zweiten Lesung nicht nur von Fraktionen oder antragsberechtigten Gruppen, sondern von jedem einzelnen Abgeordneten gestellt werden. Das ist wichtig für Abgeordnete, die keiner Fraktion angehören. Praktisch bedeutsam ist es vor allem aber auch deshalb, weil die Möglichkeit, als Einzelner Änderungsanträge zu stellen, die Fraktionen zwingt, Bedenken und abweichende Vorstellungen ihrer Mitglieder ernst zu nehmen und im Laufe der Beratungen entweder zu berücksichtigen oder diese Bedenken zu zerstreuen. Denn würde eine Fraktion versuchen, die Auffassungen von Mitgliedern einfach zu übergehen, müsste sie damit rechnen, dass diese ihre abweichende Meinung in öffentlicher Sitzung des Bundestages durch Änderungsanträge und vielleicht durch abweichendes Abstimmungsverhalten deutlich machen, was dieser Fraktion in der Öffentlichkeit als Zerstrittenheit oder Entscheidungsschwäche angekreidet werden könnte. Weil die Fraktionen dies beachten, sind in der Praxis Änderungsanträge einzelner Abgeordneter in der zweiten Beratung eher selten. Häufiger kommt es schon vor, dass die Opposition, wenn sie dem betreffenden Entwurf nicht zustimmen will, ihre abweichenden Vorstellungen insgesamt in der Form eines oder mehrerer Änderungsanträge zur Debatte und zur Abstimmung stellt.

Deutscher Bundestag – 16. Wahlperiode – 193. Sitzung. Berlin, Donnerstag den 4. Dezember 2008

Vizepräsidentin Dr. h. c. Susanne Kastner:

Ich rufe Tagesordnungspunkt 5 auf:

Zweite und dritte Beratung des von der Bundesregierung eingebrachten Entwurfs eines **Gesetzes zur Förderung von Familien und haushaltsnahen Dienstleistungen (Familienleistungsgesetz – FamLeistG)**

– Drucksachen 16/10809, 16/11001 –

Beschlussempfehlung und Bericht des Finanzausschusses (7. Ausschuss)

– Drucksachen 16/11172, 16/11191 –

Berichterstattung:
Abgeordnete Patricia Lips
Lydia Westrich
Carl-Ludwig Thiele
Barbara Höll

Bericht des Haushaltsausschusses (8. Ausschuss) gemäß § 96 der Geschäftsordnung

– Drucksache 16/11184 –

Berichterstattung:
Abgeordnete Jochen-Konrad Fromme
Carsten Schneider (Erfurt)
Otto Fricke
Roland Claus
Alexander Bonde

Hierzu liegen Entschließungsanträge der Fraktion der FDP, der Fraktion Die Linke und der Fraktion Bündnis 90/Die Grünen vor. Über den Entschließungsantrag der Fraktion Bündnis 90/Die Grünen werden wir später namentlich abstimmen.

Nach einer interfraktionellen Vereinbarung ist für die Aussprache eine Stunde vorgesehen. – Ich höre keinen Widerspruch. Dann ist das so beschlossen.

Das Wort hat ...

...

Vizepräsident Dr. Hermann Otto Solms:
Ich schließe die Aussprache.

Bevor wir zur Abstimmung kommen, möchte ich zwei Bemerkungen machen.

Erstens. Gegenwärtig liegen 52 Erklärungen zur Abstimmung nach § 31 unserer Geschäftsordnung vor, die wir zu Protokoll nehmen.

Zweitens. Der Kollege Carl-Ludwig Thiele möchte in der zweiten Beratung mündlich einen Änderungsantrag einbringen, den er jetzt vortragen und begründen wird und auf den Sie dann gegebenenfalls reagieren können.

Danke.

Carl-Ludwig Thiele (FDP):
Sehr geehrter Herr Präsident! Meine sehr verehrten Kolleginnen und Kollegen! Ich möchte die Debatte nicht groß verlängern. Herr Kollege Lehrieder, Sie haben es bereits angesprochen; auch Frau Westrich und Frau Lips haben es angesprochen: Die Begrenzung auf den Abschluss des 10. Schuljahrs – neben der Diskussion, was weiter erfolgen sollte – halten wir, glaube ich, fraktionsübergreifend für völlig falsch.

(Beifall bei der FDP sowie bei Abgeordneten der SPD und der LINKEN)

Weil wir alle im Deutschen Bundestag die Gesetzgeber sind, halte ich es für richtig, nicht auf den Vermittlungsausschuss oder auf das nächste Jahr zu warten. Vielmehr beantrage ich ganz konkret, in Art. 3 des Gesetzentwurfs in § 24a in den Zeilen 3 und 4 die

Worte „bis zum Abschluss der Jahrgangsstufe 10" zu streichen. Dann wäre dieser Änderungswunsch schon erfüllt.

Wenn danach noch mehr kommen sollte, dann soll uns das recht sein. Aber was wir heute erledigen können, das sollten wir heute auch machen.

Herzlichen Dank.

(Beifall bei der FDP und der LINKEN sowie bei Abgeordneten des BÜNDNISSES 90/DIE GRÜNEN)

Vizepräsident Dr. Hermann Otto Solms:
Ich darf fragen, ob einer der Geschäftsführer der Koalitionsfraktionen darauf antworten möchte. – Der Fraktionsvorsitzende der SPD, Peter Struck, möchte darauf antworten. Bitte schön, Herr Struck.

Dr. Peter Struck (SPD):
Herr Präsident! Meine Damen und Herren! Selbstverständlich stimmen wir diesem Vorschlag zu, aber es ist völlig klar, dass Sie hier ein rein taktisches Spiel betreiben.

(Beifall bei Abgeordneten der SPD – Widerspruch des Abg. Carl-Ludwig Thiele [FDP])

– Doch, Herr Thiele. Sie sind nie auf die Idee gekommen, selbst ein Schulbedarfspaket zu initiieren. Das war unsere Idee.

Wir werden Ihren Antrag jetzt ablehnen. Wir werden das Vorhaben im Vermittlungsausschuss oder im nachfolgenden Gesetzgebungsverfahren ordnungsgemäß beraten. Dann wird genau das kommen, was wir wollen.

Wir lehnen Ihren Antrag ab.

(Beifall bei der SPD)

Vizepräsident Dr. Hermann Otto Solms:
Wir kommen jetzt zur Abstimmung über den von der Bundesregierung eingebrachten Gesetzentwurf zur Förderung von Familien und haushaltsnahen Dienstleistungen.

Bevor wir in die Abstimmung über den Vorschlag des Ausschusses eintreten, stimmen wir jetzt über den Antrag des Kollegen Carl-Ludwig Thiele ab. Wer diesem Antrag zustimmen will, den bitte ich um das Handzeichen. – Gegenstimmen? – Enthaltungen? – Der Änderungsantrag des Kollegen Thiele ist abgelehnt mit den Stimmen der Koalitionsfraktionen gegen die Stimmen der Oppositionsfraktionen und gegen einige Stimmen aus den Koalitionsfraktionen.

Der Finanzausschuss empfiehlt in seiner Beschlussempfehlung – das sind die Drucksachen 16/11191 und 16/11172 –, den Gesetzentwurf der Bundesregierung auf Drucksachen 16/10809 und 16/11001 in der Ausschussfassung anzunehmen. Ich bitte diejenigen, die dem Gesetzentwurf in der Ausschussfassung zustimmen wollen, um ihr Handzeichen. – Gegenstimmen? – Enthaltungen? – Der Gesetzentwurf ist in zweiter Beratung angenommen mit den Stimmen der Koalitionsfraktionen bei Enthaltung der Oppositionsfraktionen.

Dritte Beratung

und Schlussabstimmung. Ich bitte diejenigen, die dem Gesetzentwurf zustimmen wollen, sich zu erheben. – Gegenstimmen? – Enthaltungen? – Der Gesetzentwurf ist mit gleichem Stimmenverhältnis angenommen.

Wir kommen zur Abstimmung über die Entschließungsanträge. Wer stimmt für den Entschließungsantrag der Fraktion der FDP auf Drucksache 16/11225? Ich bitte um Handzeichen. – Gegenstimmen? – Enthaltungen? – Der Entschließungsantrag ist abgelehnt mit den Stimmen der Koalitionsfraktionen und der Fraktion Bündnis 90/Die Grünen gegen die Stimmen der FDP-Fraktion und bei Enthaltung der Fraktion Die Linke.

Wer stimmt für den Entschließungsantrag der Fraktion Die Linke auf Drucksache 16/11188? Ich bitte um Handzeichen. – Gegenstimmen? – Enthaltungen? – Der Entschließungsantrag ist abgelehnt gegen die Stimmen der Fraktion Die Linke mit den Stimmen aller übrigen Fraktionen.

Wir kommen nun zu dem Entschließungsantrag der Fraktion Bündnis 90/Die Grünen auf Drucksache 16/11224. Auf Verlangen der Fraktion Bündnis 90/Die Grünen stimmen wir nun über den Entschließungsantrag namentlich ab. Ich bitte die Schriftführerinnen und Schriftführer, ihre Plätze einzunehmen. – Haben die Schriftführerinnen und Schriftführer ihre Plätze eingenommen? – Ich sehe, das ist jetzt der Fall.

Ich eröffne die Abstimmung. – Gibt es noch Mitglieder des Hauses, die ihre Stimme nicht abgegeben haben? – Das ist nicht der Fall.

Ich schließe die Abstimmung und bitte die Schriftführerinnen und Schriftführer, mit der Auszählung zu beginnen. Das Ergebnis der Abstimmung wird Ihnen später bekannt gegeben. …

Vizepräsident Dr. Hermann Otto Solms:
Bevor ich dem nächsten Redner das Wort erteile, gebe ich Ihnen das von den Schriftführerinnen und Schriftführern ermittelte **Ergebnis der namentlichen Abstimmung** zu dem Antrag der Fraktion Bündnis 90/Die Grünen zum Entwurf eines Gesetzes zur Förderung von Familien und haushaltsnahen Dienstleistungen bekannt: abgegebene Stimmen 546. Mit Ja haben gestimmt 48, mit Nein haben gestimmt 394, Enthaltungen 104. Der Entschließungsantrag ist abgelehnt.

… (folgt Name und Abstimmungsverhalten der Abgeordneten)

Aus dem Stenografischen Protokoll ergibt sich, dass zum Gesetzentwurf der Bundesregierung in der zweiten Beratung vom Abgeordneten Carl-Ludwig Thiele ein Änderungsantrag gestellt wurde. Über diesen Änderungsantrag wurde zuerst abgestimmt, so dass die weitere Abstimmung in der zweiten Beratung vereinfacht durchgeführt werden konnte: Es wurde nicht über jeden Paragraphen oder nach Abschnitten, sondern über den gesamten Gesetzestext in einem Votum abgestimmt. Das Protokoll zeigt auch, wie dies in der zweiten Beratung geschieht, nämlich durch Handzeichen. Es zeigt weiter, dass eine Reihe von Abgeordneten – schriftliche – Erklärungen zur Abstimmung nach § 31 der Geschäftsordnung abgegeben haben, die als Anlagen zum Protokoll abgedruckt wurden. Schriftliche oder mündliche Erklärungen zur Abstimmung dienen der Begründung des persönlichen Abstimmungsverhaltens eines Abgeordneten.

Wird ein Gesetzentwurf, wie in unserem Beispiel, in zweiter Lesung unverändert angenommen, so kann die dritte Beratung unmittelbar angeschlossen werden. In dieser Schlussabstimmung erheben sich die Abgeordneten auf die Frage des Präsidenten nach Zustimmung, Gegenstimmen und Enthaltungen von den Plätzen. In der Praxis wird im Bundestag häufig auch dann unmittelbar nach Abschluss der zweiten in die dritte Lesung eingetreten, wenn Änderungsanträge angenommen worden sind. Voraussetzung dafür ist aber, dass zwei Drittel der anwesenden Mitglieder des Bundestages dem zustimmen. Diese Zustimmung wird in der Regel erteilt. Wird sie nicht gegeben, kann die dritte Lesung erst am zweiten Tage nach Verteilung der Drucksache mit den in zweiter Lesung beschlossenen Änderungen erfolgen.

Das Stenografische Protokoll zeigt im Übrigen, dass hier keine weitere Aussprache in der dritten Beratung stattgefunden hat. Dies geschieht nur, wenn es von einer Fraktion oder mindestens 5 vom Hundert der Abgeordneten verlangt wird. Auch Änderungsanträge sind in der dritten Lesung nicht mehr von einzelnen Abgeordneten, sondern nur noch von Fraktionen oder einer Anzahl von Abgeordneten in Fraktionsstärke zulässig und dürfen sich nur auf Bestimmungen beziehen, zu denen in zweiter Beratung Änderungen beschlossen wurden.

Schließlich wurde im Anschluss an die dritte Beratung des Gesetzentwurfs noch über mehrere Entschließungsanträge abgestimmt, die die Oppositionsfraktionen zum Familienleistungsgesetz eingebracht hatten. Entschließungen sollen die Auffassung des Deutschen Bundestages zu bestimmten, auf der Tagesordnung stehenden Beratungsgegenständen zum Ausdruck bringen. Meist soll die Bundesregierung zu einem konkreten Verhalten aufgefordert werden. Sie sind auch ein häufig eingesetztes Mittel von Oppositionsfraktionen, ihre Auffassung zu einem beratenen Thema zu dokumentieren. Entschließungsanträge können von einer Fraktion oder fünf vom Hundert der Abgeordneten (derzeit also 32) eingebracht werden und werden im Anschluss an die abschließende Beratung eines Gesetzes oder anderer Vorlagen zur Abstimmung gestellt.

In unserem Beispiel kommt hinzu, dass eine Fraktion zu ihrem Entschließungsantrag die Durchführung einer namentlichen Abstimmung beantragt hat. Diesem Antrag musste entsprochen werden, da es sich um ein so genanntes Minderheitsrecht (Verlangen) handelt. Dem Stenografischen Bericht lässt sich in diesem Fall das Stimmverhalten jedes Abgeordneten entnehmen (zum Verfahren vgl. Seite 76f.).

Eine besondere Gruppe von Gesetzen, die Verträge mit auswärtigen Staaten betreffen, werden nur in zwei Lesungen behandelt. Der Bundestag hat in diesen Fällen nur die Möglichkeit, im Ganzen zuzustimmen oder abzulehnen, weil der Vertrag in seinem endgültigen Text mit dem auswärtigen Partner durch die Bundesregierung ausgehandelt wurde und nicht noch in Einzelheiten vom Bundestag einseitig geändert werden kann.

Das Gesetzgebungsverfahren im Bundesrat

Durch den Bundesrat wirken die 16 Bundesländer bei der Gesetzgebung – daneben auch bei der Verwaltung – des Bundes mit (Artikel 50 Grundgesetz). Zunächst gilt, dass der Bundesrat bei jedem Gesetz mitwirkt, das der Bundestag beschlossen hat. Lediglich die Intensität der Mitwirkung unterscheidet sich danach, ob es sich um „Einspruchsgesetze" oder um „Zustimmungsgesetze" handelt.

Die vom Grundgesetz als Regelfall ausgestaltete Konstellation ist die des Einspruchsgesetzes. Danach hat der Bundesrat das Recht, gegen ein Gesetz des Bundestages Einspruch einzulegen. Will er dies tun, muss er zuvor den Vermittlungsausschuss anrufen (zum Vermittlungsverfahren s. u.). Einen Einspruch des Bundesrates kann der Bundestag mit absoluter Mehrheit, das ist die Mehrheit seiner Mitglieder, zurückweisen; in bestimmten Fällen ist hierfür sogar eine doppelt qualifizierte Mehrheit erforderlich (Art. 77 Abs. 4 GG, siehe S. 140). In einer erneuten Abstimmung kann der Bundestag also den Widerstand des Bundesrates überwinden und das Gesetz endgültig auf den Weg zur Verkündung bringen.

Wenn das Grundgesetz es besonders vorschreibt, bedarf ein Gesetz der Zustimmung des Bundesrates. Das bedeutet ein absolutes Vetorecht: Verweigert der Bundesrat seine Zustimmung, so ist das Gesetz gescheitert, und der Bundestag kann es mit keiner noch so hohen Mehrheit, auch nicht einstimmig, in Kraft setzen. Als Zustimmungsgesetz ist ein Gesetz dann zu behandeln, wenn es die Belange der Länder in besonderem Maße betrifft. Das kann der Fall sein, wenn es auf die Finanzen der Länder einwirkt oder wenn es in besonderer Weise die Vollzugskompetenz, die Behördenorganisation oder sonstige in der Durchführung anfallende Maßnahmen der Länder berührt. Im Zuge der im Jahre 2006 beschlossenen Modernisierung der bundesstaatlichen Ordnung (so genannte Föderalismusreform I) sind die Zustimmungsrechte des Bundesrates teilweise neu geregelt worden. Seitdem ist die Anzahl zustimmungsbedürftiger Gesetze spürbar zurückgegangen, macht aber immer noch fast die Hälfte der verkündeten Gesetze aus.

Die Frage, ob es sich bei einer Vorlage um ein Einspruchs- oder ein Zustimmungsgesetz handelt, ist also von erheblicher Bedeutung für das Gesetzgebungsverfahren und dafür, ob der Bundestag das Gesetz letztlich durchsetzen kann. Sie ist nicht immer leicht zu beantworten. Nicht selten gibt es darüber Konflikte zwischen Bundesregierung und Bundestag auf der einen und Bundesrat auf der anderen Seite, und in mehr als einem

Fall hat erst das Bundesverfassungsgericht entschieden, ob ein Gesetz der Zustimmung des Bundesrates bedurft hat oder hätte. Fehlende Zustimmung bei einem zustimmungspflichtigen Gesetz führt zu dessen Nichtigkeit.

In unserem Beispiel handelte es sich unzweifelhaft um ein Zustimmungsgesetz, weil es auch Vorschriften zu Steuern enthielt, deren Aufkommen zum Teil den Ländern zufließt (Art. 105 Abs. 3 GG). Der Bundesrat hatte indes inhaltliche Einwände gegen das Gesetz. Nachdem der Bundestag das Gesetz beschlossen und es, entsprechend Art. 77 Abs. 1 GG, nach seiner Annahme „unverzüglich dem Bundesrate" zugeleitet hatte, hatte dieser in seinen zuständigen Ausschüssen beraten und war in seiner 852. Plenarsitzung vom 5. Dezember 2008 zu dem Ergebnis gekommen, dass er dem Gesetz in dieser Fassung nicht zustimmen könne und die Einberufung des Vermittlungsausschusses verlangen wolle.

Bei Zustimmungsgesetzen kann die Einberufung des Vermittlungsausschusses übrigens auch vom Bundestag und von der Bundesregierung verlangt werden; denn der Bundesrat ist hier nicht verpflichtet, den Vermittlungsausschuss anzurufen, wenn er ein solches Gesetz durch Verweigerung seiner Zustimmung scheitern lassen will. Bundestag und Bundesregierung erhalten hier also ein Instrument, um durch ein Vermittlungsverfahren das Scheitern des Gesetzes abzuwenden.

Bundesrat Drucksache **924/08** (Beschluss)

05.12.08

Anrufung

des Vermittlungsausschusses
durch den Bundesrat

Gesetz zur Förderung von Familien und haushaltsnahen Dienstleistungen (Familienleistungsgesetz – FamLeistG)

A

Der Bundesrat hat in seiner 852. Sitzung am 5. Dezember 2008 beschlossen, zu dem vom Deutschen Bundestag am 4. Dezember 2008 verabschiedeten Gesetz zu verlangen, dass der Vermittlungsausschuss gemäß Artikel 77 Abs. 2 des Grundgesetzes aus folgendem Grund einberufen wird:

<u>Zu Artikel 5a – neu – (Finanzausgleichsgesetz)</u>

Nach Artikel 5 ist folgender Artikel 5a einzufügen:

„Artikel 5a
Änderung des Gesetzes über den Finanzausgleich zwischen Bund und Ländern

§ 1 Abs. 1 des Gesetzes über den Finanzausgleich zwischen Bund und Ländern (Finanzausgleichsgesetz) vom 20. Dezember 2001 (BGBl. I S. 3956), das zuletzt durch Artikel 2 des Achten Gesetzes zur Änderung des Gemeindefinanzreformgesetzes vom 31. Juli 2008 (BGBl. I S. 1626) geändert worden ist, wird wie folgt geändert:

1. Nach Satz 10 werden folgende Sätze eingefügt:

   „Zum Ausgleich der Kindergelderhöhung zum 1. Januar 2009 verringert sich der Anteil des Bundes nach Satz 4 um 0,41 Vomhundertpunkte und erhöht sich der Anteil der Länder um 0,41 Vomhundertpunkte. Der in Satz 5 genannte Anteil wird ab 1. Januar 2009 um weitere 0,41 Vomhundertpunkte erhöht."

2. Im bisherigen Satz 13 werden die Wörter „in den Sätzen 7 bis 12" durch die Wörter „in den Sätzen 7 bis 14" ersetzt."

<u>Begründung:</u>

...

B

Der Bundesrat hat ferner die nachstehende Entschließung gefasst:

...

Aus der Begründung des Beschlusses ergibt sich, dass der Bundesrat mit der im Gesetz vorgesehenen Verteilung der entstehenden Kosten auf Bund und Länder nicht einverstanden war und dies zum Anlass genommen hatte, eine Änderung des Gesetzentwurfs zu verlangen.

Das Vermittlungsverfahren

Der Vermittlungsausschuss ist ein aus Vertretern von Bundestag und Bundesrat zusammengesetztes Gremium. Die Bundesratsbank besteht aus 16 Mitgliedern des Bundesrates, und zwar ein Mitglied für jedes Bundesland, wobei diese Mitglieder anders als bei Beschlüssen des Bundesrates hier nicht an Weisungen der Landesregierungen gebunden sind. Die Bundestagsbank setzt sich zusammen aus 16 Abgeordneten des Bundestages, die die Stärkeverhältnisse der Fraktionen entsprechend dem für die Besetzung von Ausschüssen des Bundestages geltenden Grundsatz der Spiegelbildlichkeit repräsentieren. Der Vorsitz im Vermittlungsausschuss wechselt vierteljährlich zwischen einem Bundestags- und einem Bundesratsmitglied. Die Sitzungen des Vermittlungsausschusses sind streng vertraulich; auch seine Sitzungsprotokolle dürfen erst ab Beginn der übernächsten Wahlperiode nach der jeweiligen Sitzung – also in der Regel frühestens ca. 4 Jahre später – eingesehen werden. Diese strikte Vertraulichkeit wird damit begründet, dass die Mitglieder anderenfalls nicht in der Lage wären, durch gegenseitiges Nachgeben einigungsfähige Kompromisse zu erzielen, sondern von ihren jeweiligen Ländern oder politischen Parteien unter Druck gesetzt und zur Unnachgiebigkeit angehalten würden.

An der Häufigkeit, mit der der Vermittlungsausschuss tätig wird, können nicht nur Regelungskonflikte zwischen Bund und Ländern abgelesen werden, sondern zum Teil auch die politische Konstellation auf Bundesebene. Weist der Bundesrat eine andere politische Mehrheit auf als der Bundestag, wird die Bereitschaft zur Auseinandersetzung und damit zur Anrufung des Vermittlungsausschusses höher sein, als wenn die Mehrheiten in beiden Organen übereinstimmen. So wurden beispielsweise in den drei Jahren der 15. Wahlperiode, als in beiden Häusern unterschiedliche Mehrheitsverhältnisse bestanden, 90 Vermittlungsverfahren durchgeführt, während in der Zeit der Großen Koalition (16. Wahlperiode 2005–2009) der Vermittlungsausschuss lediglich 18 mal angerufen wurde. Aus derartigen Zahlen darf aber nicht gefolgert werden, dass der Vermittlungsausschuss je nach politischer Konstellation gleichsam mutwillig angerufen würde. Vielmehr spiegeln sich darin die unterschiedlichen Konzepte der politischen Parteien für die Politik im Bund und in den einzelnen Ländern sowie die Tatsache, dass natürlich auch der Bundesrat ein politisches Organ ist.

Zweck des Vermittlungsverfahrens ist es, das betreffende Gesetz so umzuarbeiten, dass Bundestag und Bundesrat der geänderten Fassung gleichermaßen zustimmen können. Voraussetzung wird dafür häufig sein, dass beide Seiten Abstriche von ihren Idealvorstellungen machen; Bundestag und Bundesregierung werden den Ländern in einigen Punkten entgegenkommen, während diese in anderen Punkten sich mit den Regelungsabsichten des Bundestages abfinden müssen. Das Ergebnis der Beratungen ist der „Einigungsvorschlag" des Vermittlungsausschusses an Bundestag und Bundesrat.

Deutscher Bundestag **Drucksache 16/11392**
16. Wahlperiode

17. 12. 2008

Beschlussempfehlung

des Vermittlungsausschusses

zu dem Gesetz zur Förderung von Familien und haushaltsnahen Dienstleistungen (Familienleistungsgesetz – FamLeistG) – Drucksachen 16/10809, 16/11001, 16/11172, 16/11191, 16/11329 –

Berichterstatter im Bundestag: **Abgeordneter Dr. Michael Meister**

Berichterstatter im Bundesrat: **Staatsminister Prof. Dr. Ingolf Deubel**

Der Bundestag wolle beschließen:

Das vom Deutschen Bundestag in seiner 193. Sitzung am 4. Dezember 2008 beschlossene Gesetz zur Förderung von Familien und haushaltsnahen Dienstleistungen (Familienleistungsgesetz – FamLeistG) wird nach Maßgabe des aus der Anlage ersichtlichen Beschlusses geändert.

Berlin, den 17. Dezember 2008

Der Vermittlungsausschuss

Jens Böhrnsen	**Dr. Michael Meister**	**Prof. Dr. Ingolf Deubel**
Vorsitzender	Berichterstatter	Berichterstatter

Anlage

Gesetz zur Förderung von Familien und haushaltsnahen Dienstleistungen (Familienleistungsgesetz – FamLeistG)

Zu Artikel 7a – neu – (§ 1 FAG)

Nach Artikel 7 wird folgender Artikel 7a eingefügt:

‚Artikel 7a
Änderung des Gesetzes über den Finanzausgleich zwischen Bund und Ländern

§ 1 des Finanzausgleichsgesetzes vom 20. Dezember 2001 (BGBl. I S. 3955, 3956), das zuletzt durch ... geändert worden ist, wird wie folgt geändert:

1. Nach Satz 11 werden folgende Sätze eingefügt:

   „Zum Ausgleich der Kindergelderhöhung zum 1. Januar 2009 verändern sich die in Satz 5 genannten Beträge

   im Jahr 2009 um
   minus 794 000 000 Euro,

   im Jahr 2010 um
   minus 281 000 000 Euro und

   im Jahr 2011 um
   plus 152 000 000 Euro.

   Der in Satz 6 genannte Anteil wird

   im Jahr 2009 um einen Betrag von
   plus 794 000 000 Euro,

   im Jahr 2010 um einen Betrag von
   plus 281 000 000 Euro und

   im Jahr 2011 um einen Betrag von
   minus 152 000 000 Euro

   verändert."

2. Im bisherigen Satz 14 werden die Wörter „in den Sätzen 8 bis 13" durch die Wörter „in den Sätzen 8 bis 11, 14 und 15" ersetzt.'

Der Vermittlungsausschuss war hier also zu einem Einigungsvorschlag gekommen. Dieser sah vor, das vom Bundestag beschlossene Gesetz nach Maßgabe von Einzelvorschlägen zu ändern, die in einer Anlage zu der Beschlussempfehlung des Vermittlungsausschusses zusammengefasst waren.

Wenn der Vermittlungsausschuss eine Änderung des Gesetzesbeschlusses vorschlägt, hat der Bundestag erneut Beschluss zu fassen (sog. „vierte Lesung"). Formell ist er frei, wie er sich nun entscheiden will. Praktisch weiß aber der Bundestag, dass eine Ablehnung des Vermittlungsvorschlages bedeuten könnte, dass dann der Bundesrat – je nach Art des Gesetzes – Einspruch einlegen oder seine Zustimmung verweigern würde. Im ersteren Fall müsste dann versucht werden, die erforderliche absolute oder sogar doppelt qualifizierte Mehrheit zur Zurückweisung des Einspruchs aufzubieten (was gar nicht immer ganz leicht ist), während im zweiten Fall das Gesetz endgültig scheitern würde. Der Bundesrat, der sich nach der „vierten Lesung" im Bundestag abschließend mit dem Gesetz befassen muss, kann einen Vermittlungsvorschlag ablehnen und – je nach Art des Gesetzes – Einspruch einlegen bzw. die Zustimmung verweigern, oder er kann ihn annehmen und beschließen, dem Gesetz zuzustimmen bzw. von einem Einspruch abzusehen.

Im Bundestag gelten bei der Abstimmung über einen Vermittlungsvorschlag Besonderheiten. Zum einen kann der Vermittlungsausschuss nach seiner Geschäftsordnung, die eigens für dieses Verfahren vom Bundestag mit Zustimmung des Bundesrates beschlossen wurde, bestimmen – und so verfährt er meistens, wenn mehrere Änderungen vorgeschlagen wurden –, dass der Bundestag über den Vermittlungsvorschlag nur im Ganzen abstimmen kann. Damit soll verhindert werden, dass im Bundestag der einen Regelung zugestimmt, die andere abgelehnt und damit der gefundene Kompromiss wieder zerstört wird. Zum anderen findet im Bundestag keine Debatte über den Vermittlungsvorschlag statt; zulässig sind lediglich Erklärungen der Fraktionen.

In dem hier behandelten Beispiel wurde in der Beratung des Bundestages über die Beschlussempfehlung des Vermittlungsausschusses weder vom Berichterstatter noch von einer Fraktion zum Zweck einer Erklärung das Wort verlangt. Daher wurde sogleich über den Änderungsvorschlag des Ausschusses abgestimmt und dieser angenommen.

Deutscher Bundestag – 16. Wahlperiode – 196. Sitzung. Berlin, Donnerstag, den 18. Dezember 2008

Vizepräsidentin Petra Pau

Zusatzpunkt 3 c:

Beratung der Beschlussempfehlung des Ausschusses nach Artikel 77 des Grundgesetzes (Vermittlungsausschuss) zu dem **Gesetz zur Förderung von Familien und haushaltsnahen Dienstleistungen (Familienleistungsgesetz – FamLeistG)**

– Drucksachen 16/10809, 16/11001, 16/11172, 16/11191, 16/11329, 16/11392 –

Berichterstattung:
Abgeordneter Dr. Michael Meister

Wer stimmt für die Beschlussempfehlung des Vermittlungsausschusses? – Wer stimmt dagegen? – Wer enthält sich? – Die Beschlussempfehlung ist mit den Stimmen der Unionsfraktion und der SPD-Fraktion bei Enthaltung der FDP-Fraktion, der Fraktion Die Linke und der Fraktion Bündnis 90/Die Grünen angenommen.

Der Bundesrat stimmte sodann der vom Bundestag auf Grundlage der Beschlussempfehlung des Vermittlungsausschusses geänderten Gesetzesfassung zu, wie sich aus dem im Folgenden abgedruckten Auszug aus dem Stenografischen Bericht der 853. Sitzung des Bundesrates vom 19. Dezember 2008 ergibt.

Präsident Peter Müller

...

Wir kommen zu **Tagesordnungspunkt 78**:

Gesetz zur Förderung von Familien und haushaltsnahen Dienstleistungen (Familienleistungsgesetz – FamLeistG) (Drucksache 972/08)

Auch dieses Gesetz kommt aus dem Vermittlungsausschuss zurück. Zur Berichterstattung erteile ich ...

Präsident Peter Müller: Ich bedanke mich bei dem Herrn Berichterstatter für die Darlegung des Ergebnisses der Beratungen des Vermittlungsausschusses sowie für die notwendigen und richtigen Klarstellungen zum Bedeutungsgehalt des Artikels 106 Grundgesetz.

Weitere Wortmeldungen liegen nicht vor. – Eine **Erklärung zu Protokoll** hat **Minister Krautscheid** (Nordrhein-Westfalen) abgegeben.

Wir kommen zur Abstimmung. Wer dem **Gesetz** in der vom Deutschen Bundestag auf Grund der Einigungsvorschläge des Vermittlungsausschusses geänderten Fassung zustimmen möchte, den bitte ich um das Handzeichen. – Das ist die Mehrheit.

Es ist so **beschlossen**.

...

Nachdem der Bundesrat dem Gesetz zugestimmt hatte, konnte es endgültig in Kraft gesetzt werden (s. S. 141, Ausfertigung und Verkündung des Gesetzes).

Wenn es sich bei dem Gesetz nicht um ein Zustimmungsgesetz, sondern um ein Einspruchsgesetz gehandelt hätte, wäre das Verfahren nach der Anrufung des Vermittlungsausschusses durch den Bundesrat und nach Vorliegen des Einigungsvorschlages des Vermittlungsausschusses folgendermaßen gewesen: Auch hier hätte sich zunächst der Bundestag in „vierter Lesung" (s. o.) mit dem Einigungsvorschlag des Vermittlungsausschusses befassen müssen. Bei Annahme des Einigungsvorschlages durch den Bundestag hätte dann der Bundesrat darüber befinden müssen, ob er das Gesetz in der durch den Einigungsvorschlag des Vermittlungsausschusses geänderten Form akzeptieren will und deshalb davon absieht, innerhalb einer Frist von zwei Wochen gegen das Gesetz Einspruch einzulegen. Dann wäre das Gesetz zustande gekommen. Bei einem Einspruch des Bundesrates gelten für das weitere Verfahren im Bundestag, die sog. „fünfte Lesung", wiederum besondere Regeln: Ein Antrag auf Zurückweisung eines Einspruchs des Bundesrates kann nur von einer Fraktion oder von Abgeordneten in Fraktionsstärke gestellt werden. Vor der Abstimmung über den Antrag auf Zurückweisung des Einspruchs findet keine Aussprache statt; es können aber Erklärungen abgegeben werden, in denen die Fraktionen ihren Standpunkt darlegen. Und weil für die Zurückweisung eines Einspruchs des Bundesrates im Bundestag die absolute

Mehrheit bzw. sogar eine doppelt qualifizierte Mehrheit erforderlich ist, wenn der Bundesrat den Einspruch mit zwei Dritteln seiner Stimmen beschlossen hat, sieht die Geschäftsordnung vor, dass die Abstimmung durch Zählung der Stimmen (sog. „Hammelsprung") oder im Wege namentlicher Abstimmung zu erfolgen hat. Denn nur so kann sicher festgestellt werden, ob die für die Zurückweisung des Einspruchs erforderliche Mehrheit vorhanden war.

Für eine absolute Mehrheit sind derzeit bei einer Gesamtmitgliederzahl von 630 Abgeordneten 316 Stimmen erforderlich; die doppelt qualifizierte Mehrheit, auf die es ankommt, wenn der Bundesrat den Einspruch mit Zweidrittelmehrheit beschlossen hat, bedeutet, dass im Bundestag eine Mehrheit von zwei Dritteln der Abstimmenden erforderlich ist, die jedoch mindestens die absolute Mehrheit ausmachen muss. Diese Mehrheiten sind nicht so leicht zu erreichen, insbesondere dann nicht, wenn die Opposition einem Gesetz nicht zugestimmt hat und deshalb auch kaum dazu beitragen wird, dieses von ihr nicht gewollte Gesetz nun gegen den Bundesrat durchzusetzen. Die Mehrheitsfraktionen des Bundestages müssen in einem solchen Fall dafür sorgen, dass ihre Mitglieder möglichst vollzählig an der Abstimmung teilnehmen, um die erforderliche Mehrheit zu erreichen.

Wird bei Einspruchsgesetzen auf diesem Wege der Einspruch des Bundesrates durch den Bundestag zurückgewiesen, ist das Gesetz zustande gekommen und kann in Kraft gesetzt werden.

Die Ausfertigung und Verkündung des Gesetzes

Das Familienleistungsgesetz ging entsprechend den Vorschriften des Grundgesetzes in Artikel 82 sodann zur Gegenzeichnung an die Bundesregierung, d.h. der zuständige Bundesminister und die Bundeskanzlerin unterzeichneten es. Die so genannte Gegenzeichnung ist nach Artikel 58 Grundgesetz zur Gültigkeit von Anordnungen und Verfügungen des Bundespräsidenten erforderlich. Danach wurde das Gesetz dem Bundespräsidenten zur Ausfertigung, d.h. zur Herstellung der Urschrift des Gesetzes durch Unterzeichnung vorgelegt. Nun konnte es im Bundesgesetzblatt verkündet werden und nach Maßgabe seiner diesbezüglichen Bestimmungen in Kraft treten.

Bundesgesetzblatt

Teil I **G 5702**

2008 **Ausgegeben zu Bonn am 29. Dezember 2008** **Nr. 64**

Tag	Inhalt	Seite
...		
22.12.2008	**Gesetz zur Förderung von Familien und haushaltsnahen Dienstleistungen (Familienleistungsgesetz – FamLeistG)** . . . . FNA: 611-1, 85-4, 860-2, 860-12, 610-6-12, 610-10, 603-12 GESTA: D084	2955
...		

Gesetz zur Förderung von Familien und haushaltsnahen Dienstleistungen (Familienleistungsgesetz – FamLeistG)

Vom 22. Dezember 2008

Der Bundestag hat mit Zustimmung des Bundesrates das folgende Gesetz beschlossen:

Artikel 1

Änderung des Einkommensteuergesetzes

Das Einkommensteuergesetz in der Fassung der Bekanntmachung vom 19. Oktober 2002 (BGBl. I S. 4210; 2003 I S. 179), zuletzt geändert durch Artikel 1 des Gesetzes vom 21. Dezember 2008 (BGBl. I S. 2896), wird wie folgt geändert:

1. Die Inhaltsübersicht wird wie folgt geändert:

   a) Die Angabe zu § 4f wird wie folgt gefasst:

„§ 4f (weggefallen)".

b) Vor Abschnitt 5 wird folgender Abschnitt 4b eingefügt:

„§ 4b. Kinderbetreuungskosten

§ 9c Kinderbetreuungskosten".

c) Die Angabe zu § 35a wird wie folgt gefasst:

„§ 35a Steuerermäßigung bei Aufwendungen für haushaltsnahe Beschäftigungsverhältnisse, haushaltsnahe Dienstleistungen und Handwerkerleistungen".

2. § 4f wird aufgehoben.

...

Artikel 9

Inkrafttreten

(1) Dieses Gesetz tritt vorbehaltlich der folgenden Absätze am 1. Januar 2009 in Kraft.

(2) Artikel 1 Nr. 16 tritt am 2. Januar 2009 in Kraft.

(3) Artikel 3 tritt am 1. August 2009 in Kraft.

–

Das vorstehende Gesetz wird hiermit ausgefertigt. Es ist im Bundesgesetzblatt zu verkünden.

Berlin, den 22. Dezember 2008

Der Bundespräsident
Horst Köhler

Die Bundeskanzlerin
Dr. Angela Merkel

Der Bundesminister der Finanzen
Peer Steinbrück

Das Haushaltsgesetz

Im Haushaltsplan wird jährlich festgelegt, wie viel der Bund durch Steuern, Zölle u. a. einnimmt und – was wichtiger ist – für welche Zwecke der Bund wie viel ausgeben darf. Dies wird in Einzelplänen für jedes Ministerium und jede oberste Bundesbehörde sowie innerhalb dieser wieder nach Tausenden von Titeln und Zweckbestimmungen genau aufgeschlüsselt. Der Haushaltsplan wird deshalb gelegentlich als „Regierungsprogramm in Zahlen" bezeichnet, weil er bei näherer Lektüre genauestens erkennen lässt, welche Aktivitäten der Staat für das kommende Jahr beabsichtigt, für welche Zwecke er wie viel Geld ausgeben wird.

Der Haushalt wird durch das Haushaltsgesetz festgestellt. Das bedeutet, dass das Recht zur Bewilligung des Haushaltes dem Bundestag zusteht. Was die Regierung vorlegt, ist ein Gesetzentwurf, formell wie jeder andere, der vom Bundestag angenommen oder abgelehnt oder aber geändert werden kann.

Der Haushaltsplan legt im Einzelnen auch fest, wie viele Beamte und Angestellte in welchen Besoldungsgruppen der Bundeskanzler beschäftigen darf. Das gilt für jedes Ministerium gleichermaßen, und entsprechend auch für den Bundestag selbst. Die Volksvertretung hat es also in der Hand, mit wie vielen und mit wie qualifizierten Kräften welche Aufgaben bearbeitet werden. Aber auch bei den Sachausgaben obliegt dem Bundestag die letzte Entscheidung darüber, wie viel Geld wofür ausgegeben werden darf. Freilich kann der Bundestag diese Entscheidungen nicht willkürlich treffen. Er selbst ist es in der Mehrzahl der Fälle, der bereits durch andere Gesetze festgelegt hat, dass und wie viel Geld für bestimmte Aufgaben verwendet werden muss, so auch in unserem Gesetzesbeispiel. Bestimmungen in Renten- oder Sozialleistungsgesetzen, in Gesetzen über Ausbildungsförderung, Agrarbeihilfen, Verkehrswegebau oder Wirtschaftsstrukturförderung, frühere Entscheidungen über Rüstungsplanungen und anderes mehr legen einen großen Teil des in einem Haushaltsjahr verfügbaren Geldes von vornherein fest. Insoweit kann auch das Parlament nicht einfach im Haushaltsgesetz etwas anderes beschließen (durch das so genannte „Bepackungsverbot" wird außerdem sichergestellt, dass das Haushaltsgesetz nicht beiläufig mit finanziellen Bewilligungen zugleich materielle Regelungen trifft). Zahlreiche Zwänge dieser und anderer Art verhindern, durchaus zu Recht, dass in jedem Jahr ganz von vorne begonnen wird. Deshalb wird nur über Zuwächse und Abschläge im Einzelnen beraten und entschieden, was aber politisch außerordentlich bedeutsam ist und zwischen Bundesregierung und Bundestag, insbesondere zwischen Regierung und Opposition, zu zähem Ringen und auch zu heftigen öffentlichen Auseinandersetzungen führen kann.

Da der Bundeshaushalt als Gesetz behandelt wird, gilt für das Verfahren im Prinzip auch alles das, was oben ausgeführt wurde, also die erste Beratung im Plenum mit Ausschussüberweisung, dann die Durcharbeitung im Ausschuss und schließlich die zweite und dritte Beratung wiederum im Plenum des Bundestages. Da der Haushalt immer nur für ein Jahr gilt, wiederholt sich dieses Verfahren jährlich; es erstreckt sich in der Regel vom September bis zum Dezember eines jeden Jahres.

Gesetzesinitiative

Bundestag
Eine Fraktion oder mindestens 5% der Abgeordneten können unmittelbar beim Bundestag Gesetzentwürfe einbringen.

Bundesrat
Gesetzentwürfe werden der Bundesregierung zugestellt, die sie mit einer Stellungnahme binnen sechs Wochen an den Bundestag weiterleiten muss.

Bundesregierung
Gesetzentwürfe gehen zunächst an den Bundesrat, der binnen sechs Wochen Stellung nimmt. Danach leitet die Bundesregierung die Gesetzesvorlage an den Bundestag weiter.

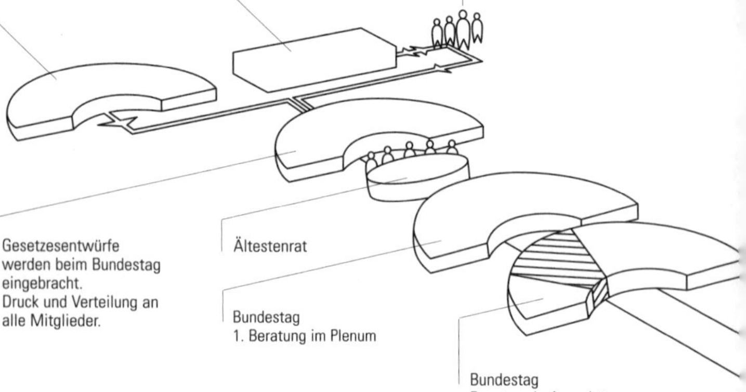

Gesetzesentwürfe werden beim Bundestag eingebracht.
Druck und Verteilung an alle Mitglieder.

Ältestenrat

Bundestag
1. Beratung im Plenum

Bundestag
Beratung in Ausschüssen

Der Gang der Gesetzgebung

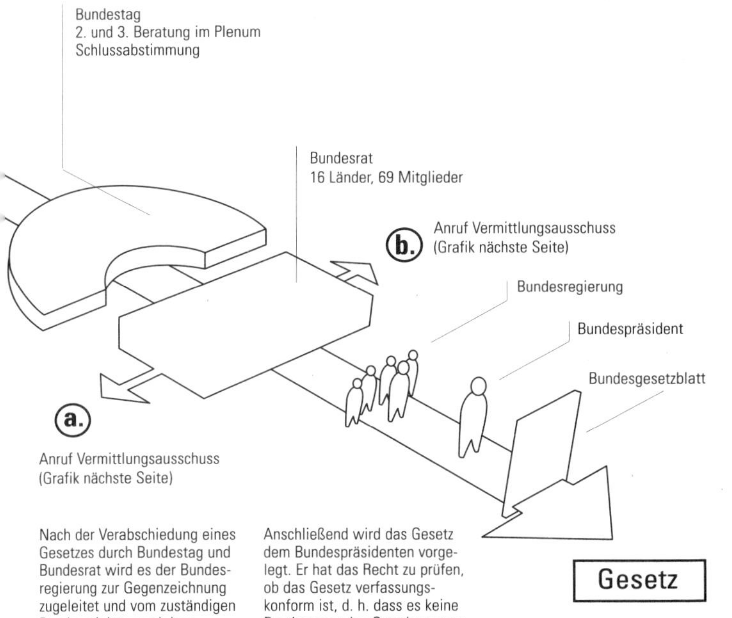

Nach der Verabschiedung eines Gesetzes durch Bundestag und Bundesrat wird es der Bundesregierung zur Gegenzeichnung zugeleitet und vom zuständigen Bundesminister und dem Bundeskanzler unterschrieben. Durch ihre Unterschriften übernehmen sie die politische Verantwortung für das Gesetz.

Anschließend wird das Gesetz dem Bundespräsidenten vorgelegt. Er hat das Recht zu prüfen, ob das Gesetz verfassungskonform ist, d. h. dass es keine Bestimmung des Grundgesetzes verletzt. Wenn keine verfassungsrechtlichen Bedenken bestehen, unterzeichnet der Bundespräsident das Gesetz.

Es kann nun im Bundesgesetzblatt verkündet werden, damit es nach Artikel 82 Grundgesetz in Kraft tritt.

Weiterer Gang der Gesetzgebung

a. Anruf des Vermittlungsausschusses bei zustimmungsbedürftigen Gesetzen

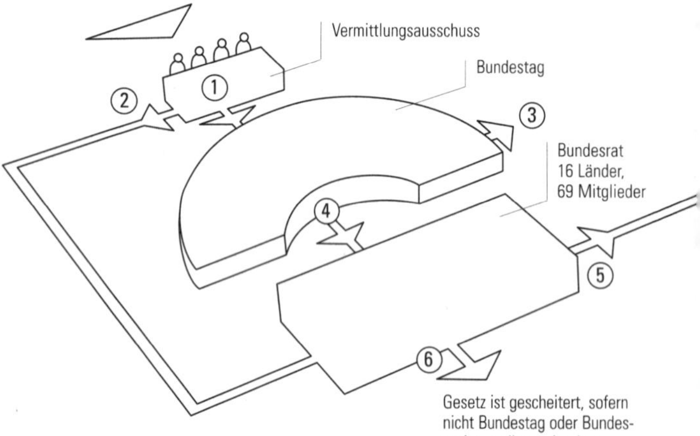

Gesetz ist gescheitert, sofern nicht Bundestag oder Bundesregierung ihrerseits den Vermittlungsausschuss anrufen und damit das hier dargestellte Verfahren erstmals oder erneut in Gang setzen.

(1) Der Vermittlungsausschuss schlägt Änderung oder Aufhebung des Gesetzesbeschlusses vor

(2) bestätigt den Gesetzesbeschluss des Bundestages oder kommt zu keiner Einigung

(3) folgt dem Vorschlag auf Aufhebung: Gesetzesvorlage ist erledigt

(4) hält den Gesetzesbeschluss verändert oder unverändert aufrecht

(5) stimmt zu

(6) verweigert Zustimmung

b.

Anruf des Vermittlungsausschusses bei nicht zustimmungsbedürftigen Gesetzen

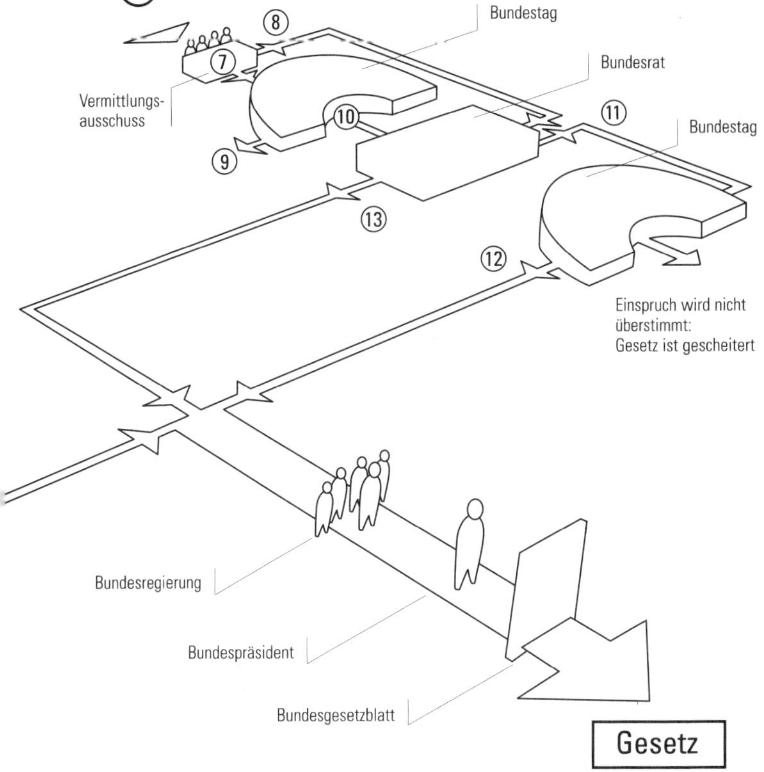

⑦ Der Vermittlungsausschuss schlägt Änderung oder Aufhebung des Gesetzesbeschlusses vor

⑧ bestätigt den Gesetzesbeschluss des Bundestages oder kommt zu keiner Einigung

⑨ folgt dem Vorschlag auf Aufhebung: Gesetzesvorlage ist erledigt

⑩ hält den Gesetzesbeschluss verändert oder unverändert aufrecht.

⑪ legt Einspruch ein

⑫ Einspruch wird überstimmt

⑬ legt keinen Einspruch ein

Schlussbemerkung

Das Verfahren der Gesetzgebung in der Bundesrepublik Deutschland ist kompliziert (s. Grafiken S. 144 ff.). Der Grund dafür ist aber nicht, dass es dadurch möglichst undurchschaubar gemacht werden soll, ganz im Gegenteil: Diese Kompliziertheit ist der Preis für die Einbeziehung vieler Instanzen, für die mehrfache Prüfung der sachlich oft recht schwierigen Gegenstände und für die umfassende Informationsmöglichkeit aller, die an dem jeweiligen Gegenstand interessiert sind. Letztlich spiegelt also das komplizierte Verfahren die Anforderungen von Demokratie und Rechtsstaat wider. Wo diese Grundsätze keine Rolle spielen, in totalitären Systemen oder Militärdiktaturen, da geht es dann auch mit den Gesetzen schnell und leicht – und ist keineswegs zufällig oft auch ungerecht und uneffektiv.

Lassen wir das Verfahren der Gesetzgebung noch einmal kurz Revue passieren, so erkennen wir leicht die Gründe für die einzelnen aufeinander folgenden Stationen:

- Die Vorbereitung der Entwürfe durch jeweils zuständige Fachreferate in den Ministerien unter Einbeziehung von Verbänden dient der sorgfältigen Sachaufklärung und Berücksichtigung sowohl der Kenntnisse aus der Verwaltung als auch aus den interessierten und betroffenen Kreisen;

- die Abstimmung der Entwürfe zwischen den Ministerien und im Kabinett dient der Einpassung des einzelnen Vorhabens in die Gesamtlinie der Regierungspolitik und auch in die finanziellen Möglichkeiten und Grenzen des Staatshaushalts;

- der erste Durchgang beim Bundesrat ermöglicht es, die Erfahrungen der Länder aus dem ihnen obliegenden Vollzug der Gesetze schon für den Entwurf nutzbar zu machen und deren Interessen rechtzeitig zu erkunden;

- die erste Lesung im Bundestag dient dazu, allen Abgeordneten und der Öffentlichkeit zu signalisieren, dass zu dem betreffenden Gegenstand ein Gesetzgebungsverfahren existiert und in die parlamentarische Beratung geht;

- die intensive Durchprüfung in den Ausschüssen des Bundestages ermöglicht die Einbeziehung weiterer fachlicher und politischer Gesichtspunkte, die Abstimmung mit den Vorstellungen der Fraktionen und nicht selten die Entwicklung übereinstimmender Regelungsvorschläge und Kompromisse;

- Anhörungen in den Ausschüssen dienen der zusätzlichen fachlich-wissenschaftlichen Fundierung des Vorhabens, der Gewinnung zusätzlicher öffentlicher Aufmerksamkeit und der weiteren Beteiligung von interessierten Bürgerinnen und Bürgern und Organisationen;

- die zweite und dritte Lesung im Plenum des Bundestages bringt die öffentliche Debatte über das Pro und Contra, die Darlegung der Gesichtspunkte und Argumente, die die verschiedenen politischen Kräfte während der Beratungen bewegt haben, und dadurch – vermittelt durch Zeitungen, Rundfunk und Fernsehen – die Möglichkeit für die Bürgerinnen und Bürger, sich anhand der dargestellten Argumente ihrerseits Meinungen zu den Vorhaben zu bilden, und schließlich den Gesetzesbeschluss;

- die erneute Einschaltung des Bundesrates nach dem Gesetzesbeschluss des Bundestages unterstreicht die föderalistische Gliederung der Bundesrepublik und die bedeutende Rolle der Länder, sowohl was die Anwendung der Gesetze überhaupt als auch die Differenzierung nach regionalen Unterschieden anbelangt;

- falls der Vermittlungsausschuss eingeschaltet wird, steht dieser Verfahrensabschnitt für die Notwendigkeit, den im Föderalismus angelegten Konflikt zwischen Bund und Ländern im Wege von Kompromissen zu überwinden und zu allgemein verbindlichen, gesamtstaatlichen Regelungen zu kommen;

- und schließlich sichert ein weiterer – nicht notwendiger und regelmäßiger, aber möglicher – Verfahrensschritt, nämlich die Anrufung des Bundesverfassungsgerichts zur Überprüfung des Gesetzes, die Einhaltung all dieser Verfahrens- und Mitwirkungsstationen ab, weil das Gesetz anderenfalls für nichtig erklärt werden könnte: Das gesamte Verfahren kann also zusätzlich kontrolliert werden am Maßstab des Grundgesetzes.

Das ist alles nicht sehr bequem, weder für die, welche die Gesetze machen, noch auch für die, die sie befolgen sollen. Sicher wünschen wir uns alle zuweilen weniger Gesetze, einfachere Gesetze und ein schnelleres, freieres Verfahren. Aber unsere Gesellschaft, für die die Gesetze gemacht werden, ist nicht einfach, sie ist vielschichtig, kompliziert, technisiert und in ihren Zielen, Werten und Interessen pluralistisch. Das Parlament als

Gesetzgeber muss das widerspiegeln und kann sich darüber nicht hinwegsetzen. Die Forderungen nach rechtlichen Regelungen – zur Beseitigung von Ungleichbehandlungen, zur Unterstützung berechtigter Forderungen, zur Abwehr von Gefahren, zur Förderung wichtiger Anliegen usw. – kommen aus der Gesellschaft selbst, nicht vom Bundestag. Er kann den Erlass von Gesetzen nicht verweigern, wo sie verlangt werden, und er kann das Verfahren nicht beschleunigen, wo die Meinungen weit auseinander gehen oder die Materie schwierig ist.

So erweist sich letztlich unser parlamentarisches Gesetzgebungsverfahren als Bedingung und Bestandteil von Rechtsstaatlichkeit, Demokratie und Freiheit. Die damit verbundene Mühe muss jeder auf sich nehmen, der das Verfahren anwenden, sich an ihm beteiligen oder es in seinen Zusammenhängen verstehen will.

3. Unterstützung des Bundestages und seiner Abgeordneten

Art. 48 Abs. 3 GG garantiert den Abgeordneten „eine angemessene, ihre Unabhängigkeit sichernde Entschädigung". Weitere Voraussetzungen einer wirksamen politischen Arbeit sind jedoch personelle und technische Hilfsmittel, die sogenannte Amtsausstattung, auf die die Abgeordneten nach dem Abgeordnetengesetz ebenfalls Anspruch haben (siehe oben Seite 18 f.).

Beschäftigte der Abgeordneten und der Fraktionen

Die personelle Unterstützung sieht so aus, dass jeder Abgeordnete für seine parlamentarische Arbeit persönliche Mitarbeiterinnen und Mitarbeiter bis zu einem bestimmten Höchstbetrag privatvertraglich beschäftigen kann. Liegen die Voraussetzungen für eine Erstattung solcher Aufwendungen vor, werden die Gehälter von der Bundestagsverwaltung den Abgeordnetenmitarbeitern unmittelbar angewiesen. Aufgabenstellung und Qualifikation dieser Mitarbeiter werden von den Abgeordneten individuell nach ihren Bedürfnissen gewählt. Gegenwärtig sind etwa 4500 Mitarbeiter, vielfach davon in Teilzeitarbeitsverhältnissen, bei Abgeordneten beschäftigt. Ca. je 50 % dieser Mitarbeiter arbeiten am Parlamentssitz bzw. in den jeweiligen Wahlkreisen.

Auch die Arbeit der Fraktionen bedarf der materiellen und personellen Unterstützung. Aus Zuschüssen aus dem Bundeshaushalt finanziert, stehen insgesamt ca. 850 Beschäftigte in einem Arbeitsverhältnis mit den Fraktionen. Zum Teil handelt es sich um fachwissenschaftliche Berater, zum anderen um administrative Hilfskräfte.

Die Bundestagsverwaltung

Die größte geschlossene Unterstützungsorganisation für den Bundestag stellt mit ihren ca. 2850 Beschäftigten (Voll- oder Teilzeit) die Bundestagsverwaltung dar. In der Allgemeinen Dienstanweisung heißt es dazu:

„Die Verwaltung des Deutschen Bundestages ist eine oberste Bundesbehörde. Sie dient dem Parlament. Im Rahmen der ihr übertragenen Aufgaben und der im Haushalt bereitgestellten Mittel schafft sie die organisatorischen, personellen, technischen und materiellen Voraussetzungen für die Arbeit des Deutschen Bundestages.

Der Direktor oder die Direktorin beim Deutschen Bundestag leitet die Verwaltung des Deutschen Bundestages im Auftrag des Präsidenten oder der Präsidentin und vertritt diesen oder diese in Angelegenheiten der Verwaltung".

Diese Verwaltung hat daher zuvorderst Dienstleistungsfunktion für das Parlament und seine Abgeordneten. Sie erlässt dagegen kaum Hoheitsakte mit Außenwirkung. Auch die materielle Vorbereitung der Gesetzgebung gehört nicht zu ihren Kernaufgaben; diese liegt vielmehr im Wesentlichen bei den Bundesministerien. Die folgende Beschreibung beschränkt sich auf einige Schwerpunkte der umfangreichen Aufgaben:

Die Bundestagsverwaltung gliedert sich in vier Abteilungen: die Zentralabteilung sowie die Abteilungen „Parlament und Abgeordnete", „Wissenschaft und Außenbeziehungen" und „Information und Dokumentation". Diese Abteilungen gliedern sich in Unterabteilungen und Referate; hinzu kommen außerhalb der Abteilungen das Präsidialbüro und die Büros der Vizepräsidentinnen und Vizepräsidenten, der Bereich Presse und Kommunikation, das Protokoll-Referat sowie das Amt des Wehrbeauftragten.

Die Bundestagsverwaltung weist zur Zeit folgende Personalstruktur (Ca.-Angaben) in den einzelnen Laufbahnen auf:

Der höhere Dienst umfasst 500 Beschäftigte, der gehobene Dienst 600, im mittleren Dienst arbeiten 1 200 Beschäftigte und im einfachen Dienst 600. Der Anteil der Frauen an der Gesamtzahl der Beschäftigten liegt über 50 %.

▶ Die Zentralabteilung (Z)

Die Abteilung Z bildet das administrative und technische Rückgrat der Bundestagsverwaltung und schafft die Voraussetzungen für die Funktionsfähigkeit dieser großen Behörde. Sie gliedert sich in die Unterabteilungen Zentrale Verwaltung, Recht sowie Technik und Betrieb mit ihren Referaten.

Die zwei Personalreferate der Unterabteilung Zentrale Verwaltung sind mit Angelegenheiten der Gewinnung, Verwendung und Betreuung des Personals der Bundestagsverwaltung befasst und haben bei der Auswahl die fachliche und persönliche Eignung der Mitarbeiterinnen und Mitarbeiter besonders sorgfältig zu prüfen. Bei Fördermaßnahmen von Mitarbeitern der mittleren und oberen Führungsebene ist nach der Geschäftsordnung des Bundestages die interne Zustimmung des Präsidiums einzuholen.

Ein weiteres Referat ist Ansprechstelle der Verwaltungsmitarbeiter in Aus-, Fortbildungs- und Sozialangelegenheiten. Und das Organisationsreferat unterstützt die Parlamentsarbeit dadurch, dass es den sachgerechten und effizienten Ablauf der Verwaltungsverfahren sicherstellt.

In der Unterabteilung Recht ist das Haushaltsreferat verantwortlich für die Aufstellung des alljährlichen Haushaltsentwurfs nach Maßgabe der Beschlüsse der zuständigen parlamentarischen Gremien und die Durchführung des beschlossenen Haushalts, des Einzelplans 02 für den Deutschen Bundestag. Dieser Einzelplan sah für 2015 einschließlich dem Amt des Wehrbeauftragten ein Ausgabevolumen von ca. 764 Mio. Euro vor (das entspricht ungefähr 9,42 Euro pro Kopf der Bevölkerung und einem Anteil von 0,26 v.H. des gesamten Bundeshaushalts). Folgende Ausgabenschwerpunkte sind zu erkennen (Ca.-Zahlen):

Entschädigung für Abgeordnete	66 Mio. €
Kostenpauschale für Abgeordnete	31 Mio. €
Ersatz für Mitarbeiteraufwendungen	172 Mio. €
Beamte und Arbeitnehmer der Bundestagsverwaltung	150 Mio. €
Grundstücks- und Gebäudebewirtschaftung	44 Mio. €
Besucherdienst und Öffentlichkeitsarbeit	17 Mio. €
Fraktionszuschüsse	83 Mio. €
IT-Ausstattung	27 Mio. €

Das Justitiariat ist zuständig für die Bearbeitung allgemeiner Rechts- und Vertragsangelegenheiten sowie die Betreuung von Rechtsstreitigkeiten einschließlich der Vertretung vor Gerichten. Das Referat unterstützt auch die Arbeit der Kommission des Ältestenrates für Innere Angelegenheiten des Parlaments.

Die Aufgaben des Bundestagspräsidenten als Inhaber des Hausrechts und der Polizeigewalt in den Gebäuden des Deutschen Bundestages (Art. 40 Abs. 2 GG) werden durch das Referat für Polizei und Sicherungsaufgaben umgesetzt. Die Bundestagspolizei sorgt in einem eigenen Polizeibezirk für die öffentliche Sicherheit und Ordnung und unterstützt damit die Arbeitsfähigkeit des Parlaments.

Ein Referat der Unterabteilung verantwortet schließlich den personellen und technischen Geheimschutz im Bundestag sowie die Durchführung des Datenschutzes und des Informationsfreiheitsgesetzes für die Bundestagsverwaltung.

Die Unterabteilung Technik und Betrieb organisiert die Infrastruktur des Bundestages und ist verantwortlich für Arbeitssicherheit und Brandschutz.

Im Referat Bauplanung und Liegenschaften werden die Neubau- und Sanierungsmaßnahmen für Parlamentsgebäude koordiniert und Belange der Liegenschaftsverwaltung wahrgenommen. Hier ist auch das Sekretariat der Ältestenratskommission für Bau- und Raumangelegenheiten angesiedelt, in der die politischen Beschlüsse zur Bau- und Raumplanung des Bundestages vorbereitet werden.

Das Referat Bauunterhaltung Hochbau betreibt das Management zur laufenden Unterhaltung aller Gebäude des Bundestages und koordiniert darüber hinaus Baumaßnahmen zur Gebäudesicherheit sowie die Pflege der Außenanlagen.

Ein weiteres Referat ist zuständig für die Gebäudetechnik, also Planungen und Betrieb der gebäudetechnischen Anlagen von der Energieerzeugung und -versorgung bis zu Aufzugsanlagen, von der Wasserversorgung bis zu Feuerlöschanlagen.

Technisch-organisatorische Unterstützung leistet ferner das Referat Zentrale Assistenzdienste mit seinen Bereichen Plenar- und Ausschussassistenzdienst, Boten- und Etagendienste, Tagungsbüro, Telefonzentrale und Fahrdienst.

Aufgaben der zentralen Bedarfsdeckung und Logistik werden im gleichnamigen Referat wahrgenommen, das sich um die Post- und Drucksachenverteilung, den Büro- und Geschäftsbedarf, die Büroausstattung und -reinigung, Abfallwirtschaft, Lagerhaltung und mehr kümmert.

Und schließlich ist in dieser Unterabteilung das Referat Vergaben verantwortlich für die Durchführung der vielen Vergabeverfahren, die im Zuge der Beschaffung von Dienstleistungen und gegenständlichem Bedarf im Deutschen Bundestag anfallen.

▶ Abteilung „Parlament und Abgeordnete" (P)

Die Bezeichnung dieses Teils der Bundestagsverwaltung deutet bereits an, dass es sich um Servicefunktionen für die parlamentarische Arbeit des Bundestages im engeren Sinne handelt. Die Abteilung ist gegliedert in die Unterabteilungen „Parlamentsdienste", „Mandatsdienste", „Ausschüsse" und „Europa".

Die Aufgaben der Unterabteilung Parlamentsdienste (PD) beziehen sich im Schwerpunkt auf die Funktionen des Bundestages als Ganzes, also in Gestalt der Plenarsitzungen einschließlich ihrer Vor- und Nachbereitung, sowie auf die Funktionen der Leitungsorgane des Bundestages, also insbesondere Präsident, Präsidium und Ältestenrat. Hier ist auch der sogenannte Plenarsitzungsdienst verankert, der – hinter dem Stuhl des Präsidenten- das jeweilige Sitzungspräsidium in der Leitung der Plenarsitzung unterstützt. Hinzu kommt die Betreuung einiger spezifischer Ausschüsse und Gremien des Bundestages.

Das Parlamentssekretariat ist Eingangs-, Ordnungs- und Vermittlungsstelle für alle Initiativen, Anträge und Aktivitäten, die sich auf das Verfahren im Bundestag beziehen: Gesetzentwürfe, Anträge und Anfragen der Abgeordneten und der Fraktionen, Berichte der Ausschüsse und jegliche sonstige Vorlagen nehmen den Weg durch dieses Referat, um hier redigiert und verteilt zu werden. Wesentliche Aufgabe ist auch die Vorbereitung der Sitzungen des Ältestenrates, der sich mit dem Verfahren des Plenums befasst und hierüber Verständigungen zwischen den Fraktionen herbeiführt.

Der Fachbereich Parlamentsrecht leistet Beratung zum Parlamentsrecht im weitesten Sinne, insbesondere zum Geschäftsordnungsrecht und parlamentsbezogenen Verfassungsrecht. Der Fachbereich erarbeitet ferner den sog. Sprechzettel für die Leitung der Plenarsitzungen, eine Zusammenstellung aller Tagesordnungspunkte und dazu vorliegender Gesetzentwürfe, Änderungsanträge, Entschließungsanträge, Berichte, Anfragen u.a.m. Der Stenografische Dienst erstellt das wörtliche Protokoll der Plenarsitzungen, das zu den wesentlichen Teilen bereits nach wenigen Stunden und im Ganzen am folgenden Tag vorliegt. Es wird den Mitgliedern und Gremien des Bundestages und daneben zahlreichen Stellen außerhalb des Bundestages – Verfassungsorganen, Medien, wissenschaftlichen Einrichtungen, Verbänden u.a. – zur Verfügung gestellt. Für die Öffentlichkeit ist es auch über das Internetangebot des Bundestages zugänglich.

Das Sekretariat des Ausschusses für Wahlprüfung, Immunität und Geschäftsordnung betreut die in der Ausschussbezeichnung genannten Aufgaben. Dabei wirkt es eng mit dem Fachbereich Parlamentsrecht und dem Parlamentssekretariat zusammen, weil sich geschäftsordnungsrechtliche Fragen auf allen Ebenen ergeben und besonders den Ältestenrat immer wieder beschäftigen.

Das Sekretariat für das Parlamentarische Gremium zur Kontrolle nachrichtendienstlicher Tätigkeiten der Regierung betreut eine Reihe von Gremien, die sich in vertraulichen Sitzungen über entsprechende Aktivitäten der Exekutive informieren lassen und die Aufsicht des Bundestages über diese Tätigkeiten sicherstellen.

Die Unterabteilung Mandatsdienste (PM) hat ihren Schwerpunkt in den mandatsbezogenen Servicefunktionen.

Im Referat „Entschädigung von Abgeordneten" werden alle Angelegenheiten der Rechtsstellung der Mitglieder des Bundestages nach dem Abgeordnetengesetz sowie der Rechtsstellung der deutschen Mitglieder des Europäischen Parlaments bearbeitet. Dazu gehören insbesondere Leistungen an aktive und ehemalige Abgeordnete wie die Abgeordnetenentschädigung, Kostenpauschale, Krankenversicherung und Alters- und Hinterbliebenenversorgung. Ferner wird hier die Durchführung der Verhaltensregeln betreut, nach denen die Mitglieder des Bundestages unter anderem neben dem Mandat ausgeübte Tätigkeiten und daraus erzielte Einkünfte anzeigen müssen, die in der vorgeschriebenen Form im Internet und Amtlichen Handbuch des Bundestages veröffentlicht werden. Im Referat ist auch die Geschäftsstelle der Kommission des Ältestenrates für die Rechtsstellung der Abgeordneten angesiedelt.

Das Referat „Mitarbeiter von Abgeordneten" betreut alle Angelegenheiten rund um die Mitarbeiterinnen und Mitarbeiter, die die Mitglieder des Bundestages zur Unterstützung ihrer parlamentarischen Arbeit in Berlin und im Wahlkreis beschäftigen. Im Auftrag der Abgeordneten werden im Rahmen arbeits- und erstattungsrechtlicher Regelungen Gehälter, Sozialversicherungsbeiträge und Reisekosten abgerechnet. Das Referat stellt ferner das Sekretariat der Kommission des Ältestenrates für die Angelegenheiten von Mitarbeiterinnen und Mitarbeitern der Abgeordneten.

Das Referat „Parteienfinanzierung, Landesparlamente" ist einerseits zuständig für die Beziehungen zu den Landesparlamenten, besonders hinsichtlich der Beratungen der regelmäßig tagenden Konferenzen der Parlamentspräsidenten und der Parlamentsdirektoren. Zum anderen wird hier die Mittelverwaltung für die staatliche Teilfinanzierung der Parteien wahrgenommen, also die Berechnung und Auszahlung der Ansprüche sowie die Veröffentlichung der Rechenschaftsberichte der Parteien und der regelmäßigen Unterrichtungen des Bundestagspräsidenten. Insoweit gehört das Referat zur Zuständigkeit des Präsidenten des Deutschen Bundestages als Behörde nach dem Parteiengesetz, der hier keine parlamentarischen, sondern exekutive Aufgaben wahrnimmt.

Der Kern der Aufgaben der Unterabteilung Ausschüsse (PA) liegt in der Unterstützung der Ausschussarbeit durch Ausschusssekretariate. Der Deutsche Bundestag leistet, wie gesehen, einen wesentlichen Teil seiner Gesetzgebungsarbeit in den Ausschüssen. Jedem der zur Zeit 23 ständigen Ausschüsse des Bundestages, zu denen im Laufe der Wahlperiode Untersuchungsausschüsse und Enquete-Kommissionen hinzukommen, steht ein kleiner Mitarbeiterstab zur Verfügung, der unmittelbar nach den Weisungen und Anforderungen der Ausschussvorsitzenden die Ausschussarbeit administrativ, organisatorisch und fachlich betreut.

Die Leiterinnen und Leiter dieser Sekretariate machen Vorschläge für Sitzungstermine und Tagesordnungen, sind mitverantwortlich dafür, dass dem Ausschuss die Beratungsgegenstände und die dazu nötigen Unterlagen rechtzeitig vorliegen, dass Sitzungen geschäftsordnungsrechtlich und zeitlich korrekt ablaufen und dass sie anschließend entsprechend nachbereitet werden, z.B. durch das Fertigen von Beschlussempfehlungen und Berichten an das Plenum, das Erstellen von Protokollen etc. Sie haben die Ausschussvorsitzenden auch fachlich zu beraten und Kontakt zu halten mit den Ministerien, Fraktionen, Parteien und betroffenen Verbänden.

Die im Jahre 2013 als Reaktion auf die gestiegene europapolitische Verantwortung des Bundestages geschaffene Unterabteilung Europa unterstützt Ausschüsse, Fraktionen und Abgeordnete bei der parlamentarischen Behandlung von Rechtsetzungsvorhaben und politischen Initiativen der Europäischen Union. Hier ist zum einen das Sekretariat des Ausschusses für die Angelegenheiten der Europäischen Union angesiedelt, dem die administrative, organisatorische und fachliche Betreuung der Ausschussarbeit obliegt. Ein Referat für Grundsatzfragen und Fragen der Wirtschafts- und Währungsunion befasst sich mit allen EU-Grundsatzfragen, wie der Mitwirkung des Bundestages in EU-Angelegenheiten, und analysiert wirtschafts-, haushalts- und finanzpolitische Themenstellungen, zu denen auch die Euro-Stabilität gehört.

Ein weiteres Referat ist für die Analyse, Beratung und Prioritätensetzung aller weiteren EU-Politikbereiche zuständig. Eingegangene Dokumente werden auf Beratungsrelevanz und fristgerechten Beratungsablauf geprüft und ausgewertet. Über das EU-Verbindungsbüro in Brüssel erhalten Abgeordnete, Ausschüsse und Fraktionen des Bundestages frühzeitig Informationen über aktuelle politische Entwicklungen in den EU-Institutionen, insbesondere zu geplanten Rechtsetzungsvorhaben und zu aktuellen Beratungsverläufen. Das Referat Europa-Dokumentation ist zentrale Eingangsstelle für alle EU-Dokumente, die sodann im bundestagsinternen Informationssystem erfasst und aufbereitet werden. Und schließlich unterstützt der ebenfalls zur Unterabteilung gehörende Fachbereich Europa die Abgeordneten durch auftragsbezogene Erstellung von Gutachten, Recherchen und aktiven Informationen zu den Bereichen Europarecht und Europapolitik.

▶ Abteilung „Wissenschaft und Außenbeziehungen" (W)

In der Abteilung „Wissenschaft und Außenbeziehungen" sind die Unterabteilungen „Wissenschaftliche Dienste", „Internationale Beziehungen" sowie „Petitionen und Eingaben" zusammengefasst.

Die „Wissenschaftlichen Dienste" (WD) bearbeiten Anfragen von Abgeordneten, die diese im Rahmen ihrer mandatsbezogenen Tätigkeit zu jedem bundespolitischen Thema an die zur Zeit 10 Fachbereiche mit ihren insgesamt ca. 65 Gutachtern richten können. Die Fachbereiche unterstützen die Abgeordneten bei ihrer Arbeit durch die Anfertigung kurzer, verständlicher und für die Zwecke der politischen Diskussion geeigneter Darstellungen. Jedes Jahr erstellen die Gutachter zwischen zwei- und dreitausend Ausarbeitungen, Sachstände, Dokumentationen u. a. Daneben bieten die Wissenschaftlichen Dienste sog. aktive Informationen an, indem sie Themen, die auf breites allgemeines Interesse stoßen oder die neu in die politische Diskussion geraten, in Form von kurzen Informationen und Hintergrunderläuterungen aufbereiten. Eine Auswahl von Arbeiten der Wissenschaftlichen Dienste wird im Internetangebot des Bundestages bereitgehalten und ist damit auch für die Öffentlichkeit zugänglich.

Die Unterabteilung „Internationale Beziehungen" (WI) hat ihren weit überwiegenden Schwerpunkt in den supranationalen und internationalen Außenbeziehungen des Deutschen Bundestages. Der Deutsche Bundestag pflegt mannigfaltige Verbindungen zu Parlamenten in anderen Staaten und zu übernationalen parlamentarischen Zusammenschlüssen und ist dadurch in der Lage, in den interparlamentarischen Organisationen mitzuarbeiten und Einfluss zu nehmen, Informationen für die eigenen Beratungen des Deutschen Bundestages zu beschaffen und weltweit an der Förderung parlamentarisch-demokratischer Strukturen mitzuwirken.

Der Sprachendienst unterstützt die Wahrnehmung dieser Aufgaben, indem er die für die Parlamentsarbeit benötigten Übersetzungen erstellt, Konferenzdolmetscher für die internationalen Kontakte des Parlaments vermittelt und die auch im Internet verfügbare Terminologiedatenbank mit parlamentarischer und politischer Fachterminologie in englischer und französischer Sprache unterhält.

Das Referat „Internationale parlamentarische Versammlungen" betreut den Präsidenten des Deutschen Bundestages bei Konferenzen der Parlamentspräsidenten auf der Ebene der Europäischen Union, des Europarats und im Rahmen der G 8 Länder. Darüber hinaus unterstützt das Referat die Arbeit der Mitglieder des Deutschen Bundestages in Delegationen auf interparlamentarischer Ebene wie z. B. der Parlamentarischen Versammlung der OSZE, der Interparlamentarischen Union, der Parlamentarischen Versammlung des Europarates, der Parlamentarischen Versammlung der NATO, der Versammlung der Westeuropäischen Union, der Euromediterranen Parlamentarischen Versammlung und bei Ostseeparlamentarier-Konferenzen.

Das Referat „Dienst- und Mandatsreisen/Parlamentariergruppen" ist für den gesamten Komplex der Dienst- und Mandatsreisen von Abgeordneten, insbesondere für die Durchführung der notwendigen Antrags- und Genehmigungsverfahren und die Abrechnung von Reisekosten sowie für die Erstellung des Berichtes über die internationalen Aktivitäten und Verpflichtungen des Deutschen Bundestages zuständig. Es betreut darüber hinaus die Aktivitäten von rund 50 bi- und multilateralen Parlamentariergruppen des Deutschen Bundestages, deren Aufgabe es ist, den Dialog mit den Partnerparlamenten zu pflegen und zu intensivieren.

Das Referat „Internationale Austauschprogramme" betreut das Parlamentarische Patenschafts-Programm zwischen dem US-Kongress und dem Deutschen Bundestag, ein Jugendaustauschprogramm für Schüler und junge Berufstätige, an dem jährlich ca. 360 Stipendiaten aus Deutschland teilnehmen. Für Hochschulabsolventen aus 28 Ländern überwiegend Mittel-, Ost- und Südosteuropas, aber auch aus dem arabischen Raum bietet der Deutsche Bundestag Internationale Parlaments-Stipendien an. Das Referat organisiert ferner interparlamentarische Ausbildungshilfe und den Beschäftigtentausch mit anderen Parlamentsverwaltungen.

Aufgabe der Unterabteilung „Petitionen und Eingaben" (Pet) ist es, den Petitionsausschuss in seiner Arbeit zu unterstützen. In der 17. Wahlperiode haben jährlich mehr als 15000 Bürgerinnen und Bürger von ihrem Petitionsrecht nach Art. 17 GG Gebrauch gemacht, indem sie sich mit ihren Bitten und Beschwerden an die Volksvertretung, den Deutschen Bundestag wandten. Die Zuarbeit für den Ausschuss mit seinen 26 ordentlichen und ebenso vielen stellvertretenden Mitgliedern wird von der Unterabteilung „Petitionen und Eingaben" geleistet, die in vier Eingabenreferate und ein Zentralsekretariat gegliedert ist. Der gesamte mit dem Petitionsverfahren verbundene umfangreiche Schriftverkehr – in der 17. Wahlperiode waren es jährlich ca. 70000 bis 80000 Postausgänge – wird von den ca. 80 Mitarbeiterinnen und Mitarbeitern der Verwaltung bewältigt. Diese sind auch zuständig für den Entwurf des alljährlichen Tätigkeitsberichts des Petitionsausschusses.

▶ Abteilung „Information und Dokumentation" (I)

Aufgabe der Abteilung I ist die Bereitstellung und Vermittlung von Informationen im weitesten Sinne. Die Abteilung ist in die drei Unterabteilungen „Bibliothek und Dokumentation", „Information und Öffentlichkeitsarbeit" und „Informationstechnik" gegliedert.

Die Unterabteilung „Bibliothek und Dokumentation" (ID) ist zuständig für das Sammeln, Ordnen, Erschließen und Dokumentieren von Informationen.

Die Bibliothek des Deutschen Bundestages gehört mit ihrem Medienbestand von rund 1,4 Millionen Bänden, ca. 8000 in- und ausländischen Fachzeitschriften sowie einer stetig zunehmenden Anzahl elektronischer Publikationen zu den größten Parlamentsbibliotheken weltweit. Schwerpunkte der Sammlung sind Politik, Recht, Wirtschaft, Soziales und Neuere Geschichte. Die Bibliothek bezieht Amtsdruckschriften sowie Publikationen von mehr als 2500 Organisationen. Bücher und Aufsätze sind sachlich erschlossen und können über einen Online-Katalog von jedem Büro aus recherchiert und bestellt werden. Elektronisch sind Publikationen wie Lexika, Wörterbücher, Gesetzestexte, Kommentarliteratur und ca. 1400 Zeitschriftentitel online verfügbar. Die Bibliothek bietet ein auf die Bedürfnisse der Parlamentarier hin maßgeschneidertes Informationsangebot mit Neuerscheinungslisten, themenbezogenen Literaturtipps und laufend aktualisierten, sachlich gegliederten Internet-Links. Fach- und Informationsspezialisten übernehmen auf Anfrage Literaturzusammenstellungen, geben Sachauskünfte und beraten ihre Nutzer.

Im Parlamentsarchiv werden Materialien erschlossen und bereitgestellt, die im Rahmen der Arbeit des Deutschen Bundestages und seiner Verwaltung entstehen. Außerdem sind hier Fotografien sowie Ton- und Videoaufzeichnungen aus allen Bereichen des parlamentarischen Lebens archiviert. Erweitert werden diese Bestände durch digital entstandene Bilder sowie ein Webarchiv, in dem die Internetprojekte des Deutschen Bundestages regelmäßig gesichert werden. Beide Angebote stehen jedermann über das Internet zur Verfügung. Das Parlamentsarchiv erstellt Gesetzesdokumentationen zu allen vom Bundestag behandelten Gesetzen, die einen strukturierten Überblick über den gesamten Gesetzgebungsgang bieten. Es veröffentlicht das „Amtliche Handbuch des Deutschen Bundestages", das u.a. Zusammenstellungen zu seinen Organen und Gremien sowie biografische Angaben aller Mitglieder des Deutschen Bundestages enthält, ferner das „Datenhandbuch zur Geschichte des Deutschen Bundestages", das einen umfassenden Blick auf die Arbeit des Deutschen Bundestages bietet. Die „Öffentliche Liste über die Registrierung von Verbänden", in der die Verbände aufgeführt sind, die Interessen gegenüber dem Bundestag oder der Bundesregierung vertreten, wird ebenfalls im Parlamentsarchiv geführt.

Die Erschließung der Drucksachen und Plenarprotokolle von Bundestag und Bundesrat ist Aufgabe des Referats Parlamentsdokumentation. Dort werden die öffentlich zugänglichen Parlamentsmaterialien (Plenarprotokolle, Gesetzentwürfe, Anträge, Anfragen, Berichte, EU-Vorlagen usw.) dokumentarisch erfasst, inhaltlich erschlossen und auf dem über die Homepage des Deutschen Bundestages online verfügbaren gemeinsamen Dokumentations- und Informationssystem für Parlamentarische Vorgänge des Deutschen Bundestages und des Bundesrates (DIP) hinterlegt. Dahinter verbergen sich verschiedene Datenbanken, in denen allein für den Deutschen Bundestag pro Wahlperiode über 10000 Drucksachen und 250 Plenarsitzungen detailliert ausgewertet werden und auch im Volltext abrufbar sind.

Die Pressedokumentation erstellt als wesentlichstes seiner Produkte eine Pressemappe, in der die wichtigsten Meldungen und Kommentare des Tages aus 24 Tages- und Wochenzeitungen zusammengefasst werden. Des Weiteren unterhält das Referat eines der größten Pressearchive Deutschlands mit 26 Millionen Presseausschnitten in Papier- und – seit 1999 –

digitaler Form. Es ist für jedes Bundestagsbüro direkt nutzbar und wächst täglich um etwa 600 Artikel aus 50 Zeitungen und Zeitschriften. Darüber hinaus stellt die Pressedokumentation den einzelnen Abgeordneten und den Ausschüssen verschiedene täglich aktuelle, für sie bzw. ihr spezifisches Arbeitsgebiet relevante Artikel aus dem Archiv der Pressedokumentation zur Verfügung. Im Rahmen des aktiven Informationsangebots werden in sog. Dossiers aktuelle Presseartikel zu im öffentlichen Diskurs befindlichen, speziellen Themen zusammengestellt.

In der Unterabteilung „Information und Öffentlichkeit" (IO) sind Informationsangebote der Bundestagsverwaltung für die Abgeordneten und die Öffentlichkeit zusammengefasst.

Der Besucherdienst organisiert Besuche politisch Interessierter aufgrund von Einladungen durch Abgeordnete. Darüber hinaus ermöglicht er auch Einzelbesuchern und Besuchergruppen ohne eine derartige Einladung die Teilnahme an verschiedenen inhaltlichen Angeboten (Besuch einer Plenarsitzung, Informationsvorträge, Hausführungen, Jugendprojekte). Jährlich werden über 1 Million Besucher beim Deutschen Bundestag gezählt. Hausführungen für ausländische Besuchergruppen werden auf Anfrage in zahlreichen Sprachen angeboten. Der Besucherdienst betreut auch die parlamentshistorische Ausstellung „Wege – Irrwege – Umwege (Die Entwicklung der parlamentarischen Demokratie in Deutschland)", die von ca. 300 000 Interessierten jährlich besucht wird.

Das Referat „Öffentlichkeitsarbeit" vermittelt Sachinformationen über Arbeit und Aufgaben des Bundestages durch Broschüren, Faltblätter, Fachliteratur, Filme und neue Medien sowie durch Präsentationen des Bundestages auf Messen und Ausstellungen. Zusätzlich organisiert das Referat die jährliche Rundfahrt des „Infomobils" durch die Wahlkreise der Abgeordneten.

Das Referat „Sonderprojekte" organisiert Eigenveranstaltungen des Deutschen Bundestages (z. B. Tage der Ein- und Ausblicke) sowie parlamentarische Ausstellungen und ist darüber hinaus zuständig für Genehmigungsverfahren und Unterstützung von Veranstaltungen Dritter in Räumlichkeiten bzw. im Außenbereich des Bundestages. Die Betreuung der in den Parlamentsbauten gestalteten „Kunst-am-Bau"-Werke sowie der im Jahr 1969 begründeten Kunstsammlung des Deutschen Bundestages ist Sache des Referates „Kunst im Deutschen Bundestag".

Die Unterabteilung Informationstechnik (IT) ist für die gesamte informations- und kommunikationstechnische Ausstattung des Deutschen Bundestages verantwortlich, die für die Arbeit des Parlamentes unverzichtbar ist. Sie gliedert sich in 5 IT-Referate, die im Wesentlichen zuständig sind für den Betrieb der Rechenzentren mit ihren Anwendungen, die Ausstattung der Benutzer mit PCs (Hard- und Software), die Bereitstellung der Kommunikationstechnik, die Systementwicklung neuer Anwendungen und die IT-Sicherheit. Eine Kommission des Ältestenrates befasst sich fortlaufend mit Fragen des optimierten Einsatzes von Informationstechnik, also insbesondere der schnellen und einfachen Informationsbereitstellung, der Erleichterung des täglichen Bürobetriebes durch IT-Einsatz und der reibungslosen Kommunikation z. B. mit dem Wahlkreisbüro.

Bei allen Soft- und Hardwareproblemen hilft das in der Unterabteilung angesiedelte IT-Servicezentrum. Ein eigenes IT-Schulungszentrum bietet hausinterne Fortbildungen für die Arbeit mit Standardanwendungen und spezieller arbeitsplatzbezogener Software.

Die jedem Abgeordneten als Teil der kommunikationstechnischen Büroausstattung überlassenen PCs sind an das Intranet des Bundestages angeschlossen, über das unter anderem der Zugang zu wichtigen Informationssystemen wie Tickerdienst (Meldungen der Nachrichtenagenturen), Pressedokumentation, Bibliothek usw. besteht. Ebensfalls über das Intranet werden weitere externe Datenbanken sowie interne Arbeits- und Hilfsmittel und der Zugang zum Internet bereitgestellt.

▶ Presse und Kommunikation

Der Bereich „Presse und Kommunikation" ist dem Präsidenten des Deutschen Bundestages unmittelbar zugeordnet und fasst die klassischen Presse- und Kommunikationsaufgaben (Kontakte zu Presse, Rundfunk und Fernsehen, Parlamentskorrespondenz usw.) insbesondere mit den modernen Online-Diensten zusammen.

Herausgegeben werden hier Pressemitteilungen, redaktionell verfasste Berichte aus Plenum und Ausschüssen für den Infodienst „heute im bundestag" sowie die Zeitschrift „Das Parlament".

Das Referat Online-Dienste/Parlamentsfernsehen bietet über das Internet (www.bundestag.de) aktuell, transparent und bürgernah alles aus dem und über den Deutschen Bundestag. Das Parlamentsgeschehen wird lückenlos dargestellt: von der Tagesordnung über die Plenarprotokolle bis zur Übertragung aller Plenarsitzungen, zahlreicher öffentlicher Ausschusssitzungen und Anhörungen, die vom Parlamentsfernsehen live übertragen werden. Es besteht ferner die Möglichkeit, die übertragenen Sitzungen der parlamentarischen Gremien über das Web-Archiv als Video-on-demand abzurufen.

Das Parlamentsfernsehen wird vorwiegend im bundestagsinternen Hauskanal und im Berliner digitalen Kabelnetz ausgestrahlt und als Web-TV im Internet angeboten. Darüber hinaus wird das Parlamentsfernsehen über das Intranet des Bundes übertragen und damit von allen obersten Bundesbehörden, den Pressehäusern in Berlin (Bundespressekonferenz) und anderen interessierten Einrichtungen im Parlaments- und Regierungsviertel empfangen. Zudem werden Produktionen des Parlamentsfernsehens interessierten in- und ausländischen Fernsehanstalten zur Verfügung gestellt.

Wehrbeauftragter

Der Wehrbeauftragte wird als Hilfsorgan des Deutschen Bundestages bei der Ausübung der parlamentarischen Kontrolle über die Streitkräfte und als besondere Petitionsinstanz für die Soldatinnen und Soldaten der Bundeswehr tätig. Unterstützt wird er durch einen Leitenden Beamten, einen Persönlichen Referenten sowie einen in sechs Referate gegliederten und etwa 50 Angehörige der Bundestagsverwaltung umfassenden Mitarbeiterstab. Diese bearbeiten unter anderem etwa 5000 Eingaben im Jahr und bereiten auch den Jahresbericht an den Deutschen Bundestag vor.

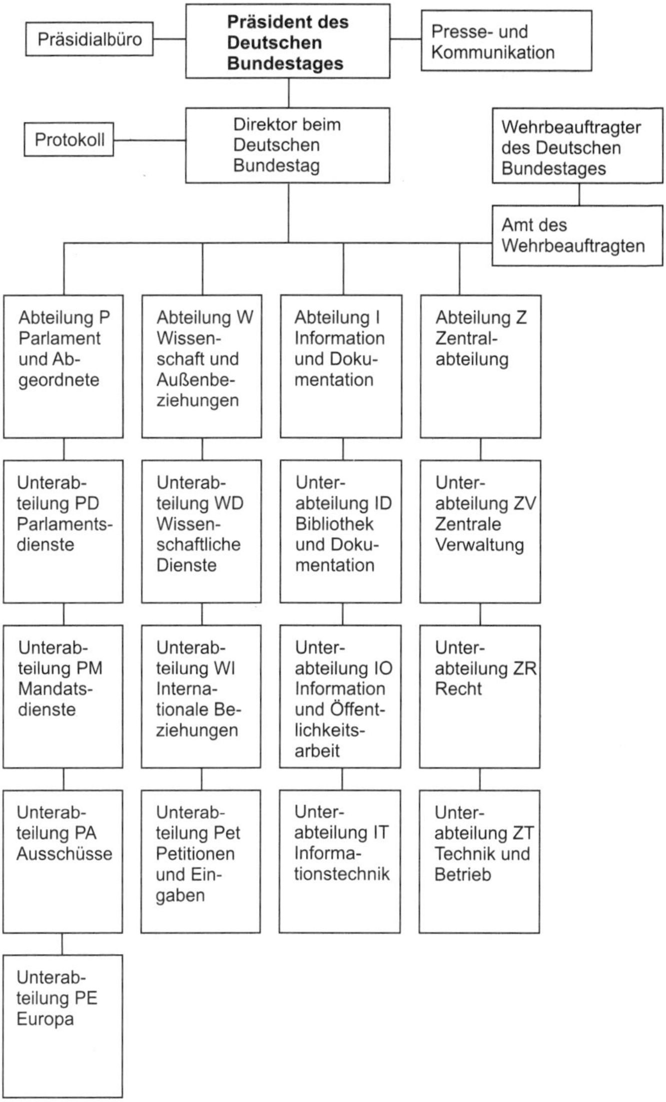
Präsidialbüro
Präsident des Deutschen Bundestages
Presse- und Kommunikation
Protokoll
Direktor beim Deutschen Bundestag
Wehrbeauftragter des Deutschen Bundestages
Amt des Wehrbeauftragten
Abteilung P Parlament und Abgeordnete
Abteilung W Wissenschaft und Außenbeziehungen
Abteilung I Information und Dokumentation
Abteilung Z Zentralabteilung
Unterabteilung PD Parlamentsdienste
Unterabteilung WD Wissenschaftliche Dienste
Unterabteilung ID Bibliothek und Dokumentation
Unterabteilung ZV Zentrale Verwaltung
Unterabteilung PM Mandatsdienste
Unterabteilung WI Internationale Beziehungen
Unterabteilung IO Information und Öffentlichkeitsarbeit
Unterabteilung ZR Recht
Unterabteilung PA Ausschüsse
Unterabteilung Pet Petitionen und Eingaben
Unterabteilung IT Informationstechnik
Unterabteilung ZT Technik und Betrieb
Unterabteilung PE Europa

Stichwortverzeichnis